本书知晓夏朝

本书编写组◎编

世界图书出版公司

广州·北京·上海·西安

图书在版编目（CIP）数据

一本书知晓夏朝/《一本书知晓夏朝》编写组编
. —广州：广东世界图书出版公司，2010.8（2024.2 重印）
ISBN 978 - 7 - 5100 - 2598 - 3

Ⅰ. ①一… Ⅱ. ①一… Ⅲ. ①中国 - 古代史 - 夏代 -
通俗读物 Ⅳ. ①K222. 09

中国版本图书馆 CIP 数据核字（2010）第 160370 号

书　　　名	一本书知晓夏朝
	YIBENSHU ZHIXIAO XIACHAO
编　　　者	《一本书知晓夏朝》编写组
责任编辑	康琬娟
装帧设计	三棵树设计工作组
出版发行	世界图书出版有限公司　世界图书出版广东有限公司
地　　　址	广州市海珠区新港西路大江冲 25 号
邮　　　编	510300
电　　　话	020-84452179
网　　　址	http://www.gdst.com.cn
邮　　　箱	wpc_gdst@163.com
经　　　销	新华书店
印　　　刷	唐山富达印务有限公司
开　　　本	787mm × 1092mm　1/16
印　　　张	13
字　　　数	160 千字
版　　　次	2010 年 8 月第 1 版　2024 年 2 月第 9 次印刷
国际书号	ISBN　978-7-5100-2598-3
定　　　价	59.80 元

前　言

　　夏朝,是中国有史记载的第一个奴隶制世袭王朝。一般认为夏朝是一个部落联盟形式的国家,而中国马克思主义史学将夏朝定性为一个奴隶制国家。中国历史上所讲的"家天下"世袭制,就是从夏朝正式开始的。那么"夏"的称号是因何而来的呢?据《史记》引帝王纪云:"禹受封为夏伯, 在豫州外方之南, 今河南阳翟是也", 所以称其政权为"夏"。另据历史学家范文澜先生认为,是禹的儿子启西迁大夏(山西南部汾浍一带)之后,才始有"夏"的称呼的。

　　夏朝君主在古籍中被称为后、夏后、夏后氏,也有称之为帝者。如果夏朝的开始从夏禹算起,则夏朝共传禹、启、太康、仲康、相、少康、杼、槐(芬)、芒(荒)、泄(世)、不降、扃(局、禺)、廑(胤甲)、孔甲、皋(吴、皋苟)、发(发惠)、履癸(桀)十四代、十七王,前后500余年,后为商汤所灭。期间还经历了"太康失国"、"后羿、寒浞代夏"等短暂时期。另外还有夏朝共有十三代、十六王之说,这主要是由于大禹在位期间,他是君主还是部落联盟首领还存在争议。

　　早在大禹治水之后, 由于大禹深得民众拥戴, 所以根据禅让制而做了舜的继承人。大禹在位期间,曾经把当时的中国划为九个州,这或许就是"九州大地"的来历。大禹还制定了各种制度,为夏朝的建立奠定了一定的基础。

　　大禹死后,他的儿子启继承了大禹的权位。启在与伯益争夺权位的斗争中获胜,并且杀死了伯益。而伯益原本是大禹按照禅让制选定

一本书知晓夏朝

的传位对象，启的即位，终结了原始社会的"公天下"禅让制，开启了在中国延续数千年的"家天下"世袭制。夏启在位期间，完成了夏朝的建立，从而使中国历史迈入了奴隶制社会和文明时代。

夏启死后，继承王位的太康在东夷族的进攻下丧失了权力，经过三代的争斗，直到少康继位以后，夏朝才得以巩固稳定。这就是从"太康失国"到"少康中兴"的过程。此后的夏朝统治者都善于控制东夷，或是同东夷搞好关系。但是到了夏桀统治时期，却穷兵黩武，大肆兴兵讨伐边国，从而使国家财力耗尽。不仅如此，夏桀还是一个昏庸无能、贪图享乐的暴君，他排斥残害忠良、偏听偏信奸佞，剥削压榨百姓，从而把夏王朝推到了死亡的边缘。就在夏王朝陷入内外交困之际，商汤起兵伐夏，夏桀被商汤战败，不久被放逐而死，夏朝从此被商朝所取代。夏朝各种制度和经济文化上的发展，尤其是在农业生产、铸铜技术、天文历法等方面的进步都对后世产生了很大的影响。

由于夏朝没有文字直接流传下来，因此，长期以来对夏朝的了解主要是依赖古代文献的记载，包括夏朝的国王、官吏、军队以及刑狱情况。但是今天，河南省偃师县二里头村遗址中大型宫殿、墓葬以及大量青铜器的出土，则从一个侧面揭示了夏朝的政治经济及社会文化、生活等各方面的情况。

本书总共分为四章，分别讲述夏前历史、夏朝著名人物、夏朝著名历史事件以及夏朝的科技、文化成就。本书内容通俗易懂，集知识性和故事性于一体，让您在轻松愉悦的阅读中，全面了解和把握夏以前及夏王朝的历史。不过，由于编者的知识水平有限，书中难免会有一些不妥和错误，敬请广大读者朋友批评指正。

目　录

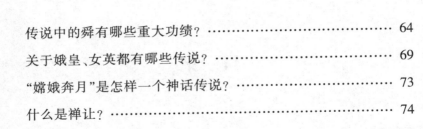

一本书知晓夏朝

著名人物篇

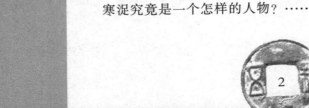

一本书知晓夏朝

著名事件篇

科技文化篇

一本书知晓夏朝

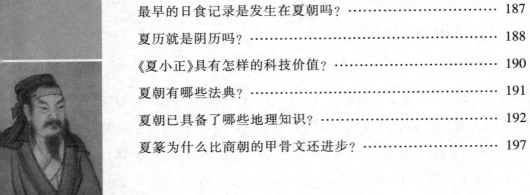

夏前时代篇

传说中盘古是如何开天辟地的？

盘古是大家都耳熟能详的盘古开天辟地故事的主人公，传说天地是由盘古用斧头开凿的，到了北魏时期，这一传说经郦道元传入北方。从此，盘古由流传于南方少数民族的神话，而发展成了传说中的中华民族共同的老祖宗。

"盘古开天"的故事最早见于三国时期徐整著的《三五历纪》。之后，南朝梁人任昉在他的著作《述异记》里又有盘古身体化为天地万物的记载。根据这些记载，天地原本混沌得像一个鸡蛋，盘古就孕育其中。过了一万八千年之后，盘古开始天地开辟，阳清者（意指蛋清部分）形成了天空，阴浊者（意指蛋黄部分）形成了大地。盘古生前完成了开天辟地的伟大功业，死后留给了后人无穷无尽的宝藏，从而成为中华民族崇拜的大英雄。

传说在天地还没有开辟之前，有一个不知道究竟为何物的东西，没有七窍，它叫做帝江，也有人称他为混沌。他的样子就仿佛一个没有洞的口袋。它有两个好友：一个叫倏，一个叫忽。有一天，倏和忽商量着为帝江凿开七窍，帝江同意了。于是倏和忽用了七天的时间为帝江凿开了七窍，不料帝江却因为凿七窍而死去了。

帝江死后，它的肚子里出现了一个人，这个人就是盘古。盘古在帝江这个"大口袋"里一直酣睡了约一万八千年。当他睁开朦胧的睡眼时，发现眼前除了黑暗还是黑暗。他非常想伸展一下筋骨，但他的身子好像被一个"鸡蛋"似的东西紧紧地包裹着，他感觉自己像被禁锢了一样，浑身燥热不

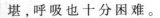

堪，呼吸也十分困难。

　　盘古无法忍受在这种环境中忍辱地生存下去。他火冒三丈，大发雷霆之怒，随后他拔下自己的一颗牙齿，把它变成了威力无比的大斧子，用尽全身力气向周围猛劈猛砍。

　　"哗啦啦啦……"一阵巨响过后，"鸡蛋"中一股清新的气体散发开来，飘飘扬扬升到高处，变成了天空；另外一些浑浊的东西缓缓下沉，变成了大地。从此，混沌不分的宇宙一分为二，变成了天和地，不再是漆黑一片。

　　盘古仍然不肯罢休，继续施展法术，不知又过了多少年，天终于不能再长高了，地也不能再增厚了。

　　这时候，盘古已经筋疲力尽了，他缓缓睁开双眼，满怀深情地望了望自己亲手开辟的天地。

　　啊！太伟大了，他竟然亲手创造出了这样一个崭新的世界！从此，天地间的万物再也不会生活在一片漆黑之中了。

　　盘古长长地吐出一口气，慢慢地躺在地上，闭上沉重的眼皮，与世长辞了。

　　盘古临死前，他嘴里呼出的气变成了春风和天空的云雾；声音变成了天空的雷霆；他的左眼变成了温暖的太阳，照耀大地；右眼变成了皎洁的月亮，给夜晚带来光明；千万缕头发变成了一颗颗星星，点缀着美丽的夜空；一腔热血变成了江河湖海，奔流不息；肌肉变成了千里沃野，供万物生存；骨骼变成了花草树木，供人们欣赏；筋脉变成了道路；牙齿变成了石头和金属，供人类使用；精髓变成了明亮的珍珠，供人类收藏；汗水变成了雨露，滋润禾苗；盘古倒下时，

4

他的头化作了东岳泰山（在山东），他的脚化作了西岳华山（在陕西），他的左臂化作南岳衡山（在湖南），他的右臂化作北岳恒山（在山西），他的腹部化作了中岳嵩山（在河南）。他睁眼是白天，闭目是黑夜；开口为春夏，闭口为秋冬；高兴为晴天，生气为阴天，等等。

传说盘古的魂魄在他死后变成了人类。因此，都说人类是世界上的万物之灵。

从此，天上有了日月星辰，地上有了山川树木、鸟兽虫鱼，天地之间从此有了世界。

上述关于盘古的传说，或出于古说，或产生于秦汉，或盛行于吴越之地，或为先儒之说。古人为了纪念盘古，在南海建了盘古墓，在桂林建了盘古庙。

盘古用自己的生命演化出生机勃勃的大千世界，为千秋万代的后世子孙所敬仰。盘古开天辟地的传说蕴含着极其丰富而深刻的文化、科学和哲学等内涵，是研究宇宙起源、创世说和人类起源的重要线索。而盘古"鞠躬尽瘁、死而后已"的献身精神，更是人类精神的至高境界，历来为很多志士仁人所效仿。千百年来，盘古文化在中华这片热土上流传不息，繁衍不断，延续古今，传播中外，成为中华文化中一颗璀璨的明珠。我们读神话，看传说，目的是要汲取其中的营养价值，在神话中体味历史、回味历史，让历史成为我们前进的阶梯。

为什么说伏羲氏是中华民族的"人文始祖"？

在中国神话里，伏羲氏是中华民族敬仰的人文始祖，居

于三皇之首。伏羲氏,也作宓羲、包牺、伏戏,也称为牺皇、皇羲。另说伏羲就是太昊,本姓风。传说他有圣德,犹如日月之明,故称太昊。传说伏羲曾教民结网,从事渔猎畜牧。另传说他始创了八卦。

相传伏羲为人首蛇身,与他的妹妹女娲成婚,生儿育女,成为人类的始祖。又相传他是古代东夷部落的杰出首领。伏羲根据天地间阴阳变化之理,创造了八卦,即以八种简单却寓义深刻的符号来概括天地之间的万事万物。此外,他还模仿自然界中的蜘蛛结网制成网罟,用于捕渔打猎。

远古时期,人们都以石器加工兽皮,再以骨针等工具进行缝制,用以御寒。

相传伏羲的母亲华胥氏外出,在雷泽中无意中看到一个特大的脚印,好奇的华胥氏用她的足迹丈量了大人的足迹,不知不觉感应受孕,怀胎十二年之后,伏羲才降生了。

伏羲氏是中国文献记载中最早的智者之一。据说伏羲氏对事物有极其敏锐的观察力,对土地有深厚的感情,同时他还拥有超越常人的智能。伏羲氏将他所观察到的一切,用一种数学符号(这种二进制数学模式成为当今计算机技术发展的基石)描述出来,这就是八卦。

上古时期,孟津东部有一条图河与黄河相连,龙马负图就是出于此河,伏羲氏依据龙马之图画出了乾、兑、离、震、巽、坎、艮、坤为内容的卦图,后人称其为伏羲八卦图。伏羲

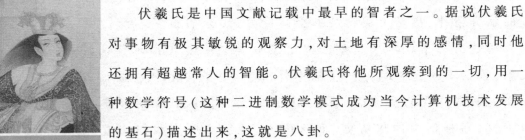

氏仰观天象,俯察地法,用阴阳八卦来解释天地万物的演化规律和人伦秩序。除此之外,伏羲氏还创造了书契、建立了婚姻制度、教会人民渔猎,从而结束了人们茹毛饮血、结绳记事的蒙昧历史,开创了中华文明。因此,伏羲氏被奉为中华民族的"人根之祖"、"人文之祖"。

伏羲氏在天水发源之地,以蛇为图腾。根据古书记载,伏羲氏发源于成纪(古代伏曦出生的地方),发展壮大后,沿着渭河谷地进入关中,出潼关,沿崤山、王屋山、太行山东迁,而后折向东南,最后都于陈,在位一百五十年,传十五世。这一活动区大体上与仰韶文化古遗址的分布区域相吻合。不过伏羲氏是氏族迁徙还是文化影响还有待进一步考究。

今河南淮阳蔡河之滨,有"太昊伏羲氏之陵",高约20米,上圆下方,据说,此陵早在春秋时期就已经有了,一直保留到今天,是公认的伏羲墓地。

龙图腾的形成,源于伏羲氏,而并非炎帝和黄帝。这一论断有很多材料为佐证。司马贞在《补三皇本纪》的前面虽说伏羲蛇身人首,但在最后却说伏羲氏"有龙瑞,以龙纪官,号曰龙师"。这种记载暗示了伏羲氏在龙图腾形成中所起的主导作用。汉代纬书中说,伏羲氏首德于木,为百王之先。伏羲氏就是青龙,青帝。炎帝神农氏以火德为王,为赤龙;黄帝轩辕氏以土德为王,为黄龙。按照五行始终说,最先出现的是木,而并不是火、土。同理,青帝也应该是远古第一帝,青龙

也就是中华民族第一龙。伏羲氏自然也就是当之无愧的龙图腾的创始者。这样一来，天水就是龙图腾的发祥地。我们作为龙的传人，在知道炎黄为老祖宗的同时，也不应该忘记，在炎黄之前，还有一位更伟大，更古老的始祖，即伏羲氏，是他开创了华夏民族的文明。

"女娲补天"的神话传说是怎么来的？

"女娲补天"的故事源自于遥远的中国古代神话传说。

女娲是一位善良的女神，她为人类做过很多好事。比如说她曾教给人类婚姻，还给人类造了一种叫笙簧的乐器。而最令人们感动的，就是女娲补天的故事。

传说盘古开天辟地之后，女娲用泥捏造了人类。后来女娲继了皇位，镇守冀方的水神共工非常不满，就兴风作浪，于是女娲命令火神祝融迎战。水神共工和火神祝融从天上一直打到地下，搅得四处不得安宁，结果火神祝融打胜了，但失败的共工很不服气，一怒之下，他将头撞向不周山。结果不周山崩裂，支撑天地之间的大柱子折断了，天倒下了半边，出现了一个大窟窿，地也陷成一道道大裂纹，山林烧起了大火，洪水从地底下喷涌而出，毒蛇猛兽也出来吞食人民，人类面临着一场空前的浩劫。

女娲不忍心目睹人类遭到如此灾祸，于是决心炼石补天，以终止这场灾难。可是去哪里炼石？女娲遍涉群山，最后选择了天台山。因为这里山高顶阔，水足石多，是炼石最理

想的地方。女娲在天台山上炼了整整九九八十一天,炼了一块厚 12 丈、宽 24 丈的五色巨石。依照此法,又用了整整 4 年的时间,炼了 36500 块五色石,连同前面的那块共 36501 块。随后,女娲架起火将这些五色石熔化成浆,用这种石浆将残缺的天窟窿重新补好,随后又斩下一只大龟的四只脚,当作四根柱子把倒塌的半边天支起来。女娲还擒杀了残害人民的黑龙,刹住了龙蛇的嚣张气焰。最后为了堵住洪水,女娲还收集了大量芦草,将它们烧成灰,埋塞向四处铺开的洪流。

经过女娲的辛劳整治,天空总算补好了,地也填平了,洪水也止住了,毒蛇猛兽也各归其位,不再危害人间了,人民重新过上了安居乐业的生活。但是这场特大灾祸毕竟留下了痕迹。从此天还是有些向西北倾斜,因此太阳、月亮和众星辰都很自然地归向西方,又因为地向东南倾斜,因此一切江河都往东南方向汇流。

然而,女娲补天毕竟是一个神话传说,其真实性有待考证。这个神话的内核可能源于华夏先民烧瓦覆盖屋顶的防漏措施,反映的是女娲发明瓦的事迹。

女娲氏时代是陶器发明并被广泛使用的时代。陶器的发明源于房屋建造中的涂泥技术,首先被用来防止透风,以后又逐渐发现涂泥还具有防火防漏等重要作用,在大量使用葫芦的伏羲时代后期,先民们把这一技术应用到葫芦上,在葫芦底部涂泥防漏并防止葫芦被火烧毁,以便烧煮食物,结果

泥层被烧结成坚硬如石的陶质,从而发明了陶器。进一步先民还会发现,经过烧制的陶器完全不会漏水。当屋顶漏雨时,聪明的先民们便想到了用破碎的陶片盖住屋顶破损处,并由此得到启发,烧制专门用来覆盖屋顶的陶片,以彻底解决屋顶漏雨的问题,从而发明了瓦。

"瓦"字同"娲"字读音相同,都是模拟陶器摩擦时发出的"嘎嘎"声,其实至今在一些地方依然称陶片为"瓦片",以瓦称呼陶器,比如"瓦罐"、"瓦盆"等。

瓦坚硬如石,不同土质烧制的瓦,颜色也各有不同,因此可以称之为"五色石";屋顶漏雨是由于屋顶有缺陷,有裂缝,浓云密布时阴暗如先民居住的简陋房屋的草顶,先民可能因此认为,天上雨水也是从云盖缝隙中漏下。因此,当阴雨连绵,给人们的生产生活带来不便时,先民会设想像用瓦覆盖屋顶那样,炼五色石以修补破漏的苍天。然而这样的"事业"并非人力所能及,只有神才能做到,这个神自然就是女娲,于是神话就这样诞生了。

最初的传说还只是女娲烧瓦覆盖屋顶的故事。在流传过程中,这一故事被一次又一次地添枝加叶,渐渐变形,"烧瓦"逐渐演变为"炼五色石","覆盖屋顶"逐渐演变为"补天",最终被层层包裹在神话的华丽外衣之中,就如同《淮南子·览冥训》中记载的那样,除了补天事迹本身,又增添了补天的原因,以及补天之后的断鳌、杀黑龙、积芦灰等一系列

事迹,从而造就了女娲氏整理天地的伟大事业。

为什么会有"女娲造人"的传说?

女娲是中国上古神话中的创世女神。传说女娲用泥土仿照自己创造了人类,并替人类建立了婚姻制度,使青年男女相互婚配,繁衍后代,因此被传为婚姻女神,成为中华民族伟大的母亲,女娲是被民间广泛而又长久崇拜的创世神和始祖神。

盘古开天辟地之后,用身躯造出日月星辰、山川草木。那残留在天地间的浊气慢慢化作虫鱼鸟兽,替这死寂的世界增添了生气。

此时,有一位女神女娲,在这莽莽的原野上行走。她放眼四望,山岭起伏,江河奔腾,丛林茂密,草木争辉,天上百鸟飞鸣,地上群兽奔驰,水中鱼儿嬉戏,草中虫豸跳跃,这世界按说已经点缀得相当美丽了。但是她总觉得有一种说不出的寂寞,而且孤寂感越来越强烈,连自己也弄不清楚这是为什么。

女娲与山川草木诉说心中的烦躁,山川草木根本听不懂她的话;她对虫鱼鸟兽倾吐心事,虫鱼鸟兽也无法了解她的苦恼。她颓然坐在一个池塘旁边,茫然对着池塘中自己的影子。忽然一片树叶飘落在池塘中,静止的池水泛起了小小的涟漪,使她的影子微微晃动起来。她突然灵机一动:对呀!为什么她会有那种说不出的孤寂感?因为这个世界缺少一种像她一样的生物。

想到这里，她立刻用手在池边挖了些泥土，和上水，照着自己的影子捏了起来。她感到非常高兴。

·捏着捏着，捏成了一个小小的东西，模样与女娲差不多，也有五官七窍，双手双脚。捏好后往地上一放，居然活了起来。女娲一见，满心欢喜，接着又捏了很多。她把这些小东西叫做"人"。

这些"人"是仿照神的模样造出来的，气概举动自然与其他生物不同，居然会叽叽喳喳说起和女娲一样的话来。他们在女娲身旁欢呼雀跃了一阵，慢慢地走散了。

女娲那寂寞的心一下子热乎起来，她想把这个世界变得热热闹闹，让世界到处都有她亲手造出来的人，于是她不停工作，捏了一个又一个。但是世界毕竟太大了，她工作了很长很长时间，双手都捏得麻木了，捏出的小人分布在大地上依然太稀少。她想这样下去可不行，于是就顺手从附近折下一条藤蔓，伸入泥潭，沾上泥浆向地上挥洒。结果点点泥浆都变成了一个个小人，这样一来，速度就快多了。

女娲在大地上造出许多人来，心中非常高兴，孤寂感一扫而空。她觉得很累了，需要休息一下，到四处走走，看看那些人生活得怎么样。

一天，她走到一处，见人烟稀少，十分奇怪，俯下身仔细察看，见地上躺着不少小人，动也不动，她用手拨弄，也不见

动静，原来这是她最初造出来的小人，已经头发雪白，寿终正寝了。

女娲看到这种情形，心中暗暗着急，她想到自己辛辛苦苦造人，人却不断衰老死亡。这样下去，若要使世界上的人类生生不息，岂不要永远不停地捏造？这总不是办法。

最后，女娲参照世上万物传宗接代的方法，叫人类也男女配合，繁衍后代。因为人是仿神的生物，不能与禽兽同等，所以她又建立了婚姻制度，使人类有别于禽兽乱交。因此，后世人就把女娲奉为"神媒"。

"女娲造人"只是一个的神话传说，它反映出早期人类社会的生活状况。我们都知道，人类历史上存在母系氏族社会时期，当时妇女在生产和生活中居于主导地位，子女只认得自己的母亲，而不认得自己的父亲。女娲造人的神话正是母系氏族社会的缩影。因此，女娲造人的神话，并非纯粹杜撰，而正是母系社会中女性占据人口生产主导地位的体现。

黄帝、炎帝与"炎黄子孙"是什么关系？

黄帝，又称轩辕黄帝，是中华民族的人文始祖。黄帝是少典之子，本姓公孙，长居姬水，因而改姓姬，居于轩辕之丘（在今河南新郑西北），因此号轩辕氏，出生、创业和建都在有熊（今河南新郑），因此又称有熊氏，因有土德之瑞，土色为黄，故而号黄帝。黄帝首先以统一华夏族的丰功伟绩而载入史册。他播百谷草木，大力发展生产，创造文字，始制衣

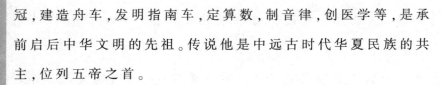

冠,建造舟车,发明指南车,定算数,制音律,创医学等,是承前启后中华文明的先祖。传说他是中远古时代华夏民族的共主,位列五帝之首。

炎帝,中华民族的始祖之一,又称赤帝、烈山氏,距今4000多年前生于姜水之岸(今陕西宝鸡一带)。他与黄帝结盟并逐渐形成了华夏族,这才有了今天我们这些炎黄子孙。

炎帝,传说是上古时期姜姓部落的首领,位于黄河中游陕西渭河地区。一说炎帝即神农氏(或神农氏的子孙)。相传他的母亲名叫女登,一日游华阳,被神龙绕身,感应而孕,生下炎帝。传说炎帝人身牛首,头上生角。炎帝生于烈山石室,长于姜水,有圣德,以火德王,故而号炎帝。炎帝自幼聪颖,三天便能说话,五天便能走路,三岁便知晓稼穑之事。他一生为百姓办了很多好事:教百姓耕作,百姓因而得以丰食足衣;为了不让百姓再受病疾之苦,他尝遍了各种药材,以致自己一日之内中毒七十次;他又作乐器,让百姓懂得礼仪,为后世所称道。

相传炎帝是姜姓部落的首领,就是现在的羌族。最初,这个氏族活动于渭河流域,另说活动于泗水流域(黄河下游),后来进入黄河中游,与九黎族发生了长时期的冲突。九黎族的首领名叫蚩尤,兽身人面,铜头铁脖子,头上长角,耳上生毛硬如剑戟,能吃砂石,可能是以某种猛兽为图腾的氏族。他有兄弟八十一人,即八十一个氏族,都是勇悍善战的强大

氏族部落。蚩尤将炎帝驱逐到涿鹿（今河北西北桑干河流域，或者今山东泰山周围）一带。炎帝只好向黄帝求援。于是黄帝与炎帝联合起来，共同对抗蚩尤，双方在涿鹿大战一场。蚩尤请风伯雨师兴风作雨，并且造了迷雾使的黄帝的士兵迷失方向；黄帝请来旱神女魃（bá），把天气放晴，并造了"指南车"辨别方向。最后，这场激战以蚩尤失败被杀告终。黄帝取得胜利之后，被推举为"天子"。

不过目前史学界日趋支持另外一种说法：炎帝同黄帝一样是一种帝位，而炎帝一系世代居住在黄河下游，后期神农氏部落执掌炎帝之位；黄帝族部落，公孙姓，兴起于泰山西侧，而此时的神农氏部落已经无力征讨号令天下，于是黄帝开始征讨诸侯，积蓄实力，在阪泉也即逐鹿（泰山周围）与炎帝神农氏展开决战，炎帝神农氏一战被击溃，黄帝得以号令天下诸侯，流放炎帝神农氏于南方楚地。此外又有不服从黄帝号令的南方蚩尤部落，本是炎帝神农的部属，扬言要为炎帝报仇，他纠集部众与黄帝大战，并且曾数次击败黄帝，最后被黄帝利用计谋击败并击杀，黄帝随后又平定了蚩尤余部——刑天氏叛乱，最终一统天下。后来黄帝又考虑到炎帝是众望所归，民望犹盛，于是将他召回辅政，合并炎帝神农氏部落，并称为炎黄部落，后来逐渐发展成为今天的炎黄子孙。

黄帝是如何战胜蚩尤的？

蚩尤和黄帝、炎帝一样，是中华民族的先祖之一。在4600多年以前，黄帝战胜炎帝后，在今河北涿鹿县境内，展开了一场与蚩尤部落的战争——涿鹿之战。蚩尤在战争中战死，东夷、九黎等部族融入了炎黄部族，逐渐形成了今天中华民族的最早主体。河北省涿鹿县境内目前尚存有轩辕丘、蚩尤坟、黄帝泉（阪泉）、蚩尤三寨、蚩尤泉、八卦村、定车台、蚩尤血染山、土塔、上下七旗、桥山等遗址遗迹。具体可以参阅《涿鹿县志》、《史记》、《水经注》等文献史料。

蚩尤是上古时代九黎族部落的酋长，是中国神话中的武战神。曾与炎帝大战，后把炎帝击败，于是炎帝与黄帝一起联合来战蚩尤。蚩尤率八十一个兄弟举兵与黄帝在涿鹿展开激战。传说蚩尤长有八只脚，三头六臂，铜头铁额，刀枪不入。善于使用刀、斧、戈作战，不死不休，勇猛无比。黄帝因不能力敌蚩尤，于是请天神助阵。直杀得天昏地暗，日月无光，血流成河。蚩尤最后被黄帝杀死，黄帝斩掉蚩尤的首级并将它埋葬，蚩尤的首级化为血枫林。后来黄帝尊蚩尤为"兵主"，即"战争之神"。黄帝把蚩尤的形象画在军旗上，用于鼓舞自己军队的士气，诸侯见蚩尤画像纷纷不战而降。传说中蚩尤性情豪爽、刚直不阿、打仗勇往直前，充满武将帝王的阳刚之美，不失为一代盖世豪杰。但后人为了歌颂黄帝，便一味丑化蚩尤，把他描述为妖魔、邪神的形象。

黄帝与蚩尤大战于涿鹿之野的故事是古史传说时代的一件大事。先秦时期的文献，如《尚书》、《战国策》、《逸周书》、《庄子》、《列子》及汉代的《史记》、《论衡》等文献中对此事都有记载。

数千年前，中国黄河、长江流域一带住着很多氏族和部落。其中黄帝是黄河流域最有名气的一个部落首领。另一个有名的部落首领名叫炎帝。传说黄帝和炎帝是兄弟（另说是近亲）。

以黄帝为首领的部落，最早居住在我国西北方的姬水附近，后来搬到涿鹿（今河北省涿鹿、怀来一带），开始发展畜牧业和农业，并逐渐定居下来。炎帝部落最早居住在我国西北方的姜水附近。后来炎帝部族逐渐衰落，而黄帝部族正在兴盛起来。这时候，在长江流域有一个九黎族，他们的首领名叫蚩尤，非常强悍。

蚩尤有八十一个兄弟，他们都是兽身人面，铜头铁臂，吃的是砂岩砾石，凶悍无比。他们擅长制造刀戟弓弩等各式各样的兵器。蚩尤经常带领他强大的部落，侵扰其他的部落。

有一次，蚩尤侵占了炎帝的地盘，炎帝起兵抵抗，但他不是蚩尤的对手，被蚩尤杀得一败涂地。炎帝无奈，逃到黄帝所在的地方涿鹿请求援助。黄帝早就想除去蚩尤部落这个祸害，于是联合各部落首领，在涿鹿的田野上与蚩尤展开一场大决战，这就是著名的"涿鹿大战"。

　　战争伊始，蚩尤凭借良好的武器和勇猛强悍的士兵，连战连捷。后来，黄帝请来龙和其他奇怪的猛兽前来助战。蚩尤的兵士虽然凶猛，但是遭遇黄帝的军队，再加上这一群猛兽，也抵挡不住，纷纷溃逃。

　　后来蚩尤又施用妖术制造了一场大雾，使黄帝的兵士迷失了方向。黄帝利用天上北斗星永远指向北方的自然现象，造了一辆"指南车"，用于指引兵士冲出迷雾。

　　黄帝率领兵士乘胜追击，突然间天昏地黑，浓雾迷漫，狂风大作，雷电交加，暴雨倾盆，黄帝的兵士因此无法继续追赶。原来蚩尤请来了"风神"和"雨神"来助战。黄帝也不甘示弱，请来天上的"旱神"（一说天女）助阵，很快驱散了风雨。霎时间，风停雨息，晴空万里。黄帝乘机命应龙喷水。应龙张开巨口，江河般的水流从上至下喷射而出，蚩尤未及防备，被冲了个人仰马翻。他慌忙让"风神"和"雨神"掀起狂风暴雨向黄帝阵中打去，只见地面上洪水暴涨，波浪滔天，情况

十分紧急。这时候，女魃上阵了，她施展法术，刹那间从她身上放射出滚滚的热浪，她走到哪里，哪里就风停雨息，烈日当空。"风神"和"雨神"无计可施，慌忙败走了。黄帝乘势率军追上前去，厮杀一阵，蚩尤大败而逃。后来又经过很多次激烈的战斗，黄帝先后杀死了蚩尤的八十一个兄弟。

　　然而蚩尤的头跟铜铸的一般，以铁石为饭，还能在空中飞行，在悬崖峭壁上如履平地，黄帝无论如何也捉不住他。

追到冀州中部时，黄帝突发灵感，命人将夔（**KUÍ**）牛皮鼓使劲连擂九下，这一下果然奏效，蚩尤顿时魂飞魄散，无法行走，被黄帝捉住了。黄帝命人给蚩尤戴上枷栲，随后把他杀了。黄帝唯恐蚩尤死后还会作怪，于是把他的身躯和头颅分开埋在了两个地方。蚩尤战死之后，他身上的枷栲被取下来抛掷在荒山上，变成了一片枫树林，那每一片枫叶，都是蚩尤枷栲上的斑斑血迹。黄帝打败蚩尤之后，诸侯都尊奉他为"天子"，即轩辕（黄帝的名字）黄帝。

轩辕黄帝带领百姓，开垦农田，定居中原，奠定了华夏民族的根基。传说黄帝多才多艺，有很多发明创造，比如造宫殿、造车、造船、制作五色衣裳等等。黄帝有个妻子名叫嫘（**Léi**）祖，也是一位发明家，她还亲自参加劳动。本来，蚕只有野生的，人们当时还不知道蚕的用处，是嫘祖教会了人们养蚕、缫丝、织帛，从此，中国开始有了丝绸文明。后来黄帝发明了亭子，嫘祖又在亭子的基础上发明了雨天能移动的亭子——雨伞。

蚩尤死后，他勇猛的形象仍然让人畏惧，黄帝把他的形象画在军旗上，用于鼓励自己的军队勇敢作战，也用来恐吓敢于和他作对的部落。后来，黄帝受到了很多部落的支持，逐渐成为所有部落的首领。

黄帝手下有一个史官名叫仓颉（**CāNG JIé**），传说他创制过古代文字。由于缺乏相应的史料记载和考古发现，其真实

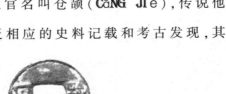

性还有待进一步考证。

中国古代的传说都非常推崇黄帝，后世之人都认为黄帝是华夏族的始祖，自己是黄帝的子孙。又由于炎帝族和黄帝族原来是近亲，后来又逐渐融合在一起，因此中国人也常常把自己称为炎黄子孙。为了纪念这位传说中的共同祖先，中国人还在黄河边上的陕西省黄陵县北面的桥山上建造了一座"黄帝陵"。每年春天，世界各地的华人代表都会在这里聚集一堂，共同朝拜这位中华民族的始祖。

嫘祖在传说中有哪些重大功绩？

嫘祖，又作"累祖"。传说她是西陵氏之女，为北方部落首领黄帝轩辕氏的元妃。嫘祖生有二子：玄嚣和昌意。据说玄嚣的孙子为五帝之一的帝喾；昌意娶蜀山氏女为妻，生高阳，继承天下，这就五帝之一的"颛顼帝"。

《史记》中记载，黄帝娶西陵氏之女嫘祖为妻。嫘祖发明了养蚕，为"嫘祖始蚕"。我国是世界上历史悠久的文明古国，我们的先祖创造了世界闻名的灿烂文化。嫘祖是我们先祖中女性的杰出代表，是养蚕制衣的发明者，华夏文明的奠基人。她辅佐黄帝，协和各部族，统一中原，协助黄帝，确立以农桑为立国之本，首倡婚嫁，母仪天下，功高日月，恩泽华夏，被后人奉为"先蚕"圣母，与炎帝、黄帝一样，同为人文始祖。

黄帝战胜蚩尤以后，建立了部落联盟，黄帝被推选为部

落联盟首领。他带领大家发展生产，种植五谷，驯养动物，制造生产工具；而缝衣制冠的事，就交给正妃嫘祖了。在做衣冠的过程中，嫘祖和黄帝手下的另外三个人又有明确而具体的分工：胡巢负责做冕（帽子）；伯余负责做衣服；于则负责做履（鞋）；而嫘祖则负责提供原料。因此嫘祖经常带领妇女上山剥树皮，织麻网，她们还把男人们猎得的各种野兽的皮毛剥下来，进行加工处理。

一段时间以后，各部落的大大小小、老老少少都穿上了衣服和鞋，戴上了帽子。嫘祖却因为过度劳累而病倒了。她不思茶饭，日渐消瘦。周围的人都焦急万分，坐立不安。负责看护嫘祖的几个女子，想尽了各种办法，做了好多嫘祖平时爱吃的东西。谁知嫘祖一看，总是摇摇头，根本吃不下去。

有一天，这几个女子悄悄商量，决定上山摘些野果回来给嫘祖吃。第二天清早，她们早早地走进大山，跑遍了山山岇岇，摘了很多很多果子，可是用口一尝，不是涩的，就是酸的。一直到了天擦黑，她们突然在一片桑树林里发现满树结着白色的小果。她们以为找到了好吃的鲜果，于是急忙去摘，谁也没顾得尝上一口。等她们把筐子摘满后，天已经彻底黑了。由于她们害怕山上有野兽，就匆匆忙忙下山了。回来之后，这几个女子打算尝一尝那些白色小果，可是用嘴一咬，居然咬不烂。大家面面相觑，谁也不知道是什么果子。正在这时，造船的共鼓走了过来，发现她们站在那里发愣，于

是就问发生了什么事。女子们便把她们为嫘祖上山摘回白色小果的事叙述了一遍。共鼓一听，哈哈大笑说："你们这些憨女子，现在咱们有火有锅，咬不烂就用水煮啊！"经他这么一说，几个女子茅塞顿开，她们连忙把摘回的白色小果都倒进锅里，加上水用火煮起来。煮了好长时间，她们捞出一个用嘴再咬，还是咬不烂。正当大家不知所措的时候，有一个女子随手拿起一根木棍，插进锅里乱搅，边搅边说："看你烂不烂，看你熟不熟！"搅了一阵子，再把木棒往外一拉，木棒上竟然缠着很多像头发丝一样的白线。这是怎么回事？女子们继续搅动，不大功夫，煮在锅里的白色小果全部变成了雪白的细丝线，看上去晶莹洁白，柔软异常。事后她们便把这个稀奇事儿告诉了嫘祖。嫘祖是个急性子，听说以后立即就要去看。这些女子为了不让她走动，便把缠在棒上的细线拿到她身边。嫘祖是个极其聪明的女人，她详细看了缠在木棒上的细丝线，又询问了白色小果的来历，然后高兴地对周围的女子说："这不是果子，不能食用，但却大有用处。你们为黄帝立下了一个大功。"

说也奇怪，嫘祖自从看了那些白色丝线以后，天天都提起这件事，身体也一天天好了起来。等到完全康复以后，嫘祖不顾黄帝劝阻，亲自带领妇女上山要看个究竟。她在桑树林里观察了好几天，最后才弄清楚，这种白色小果是一种虫子口吐细丝绕织而成的，并不是树上结的果子。她回去后把

此事报告给了黄帝,并要求黄帝下令保护桥国山上所有的桑树林。

从此,在嫘祖的倡导下,开始了栽桑养蚕的历史。后世为了纪念嫘祖这一伟大功绩,就将她尊称为"先蚕娘娘"。

嫘祖不但是蚕桑丝绸的伟大发明者,而且是一位出色的政治家和教育家。她辅佐黄帝,母仪天下,联盟炎帝榆网,东进中原,战败蚩尤,统一万邦,奠定了华夏立国的基础;她和黄帝共同决定,把长子玄嚣降居江水(岷江),次子昌意降居若水(雅砻江),接受艰苦环境的磨练,并让能担当大任的孙子颛顼继承黄帝位;她恩威并用,以攻心为上,多次平定西陵境内的小部落叛乱;她提倡婚娶相媒,缔结对偶婚姻,进行人伦教化,逐步终止群婚、乱婚、抢婚等落后风俗;她以玉帛化干戈,辅弼黄帝、协和万邦、不尚杀伐、安抚战败的蚩尤部落,使之与其他部族和谐相处,繁衍生息,使民族共存共荣,共享和平;她"以劳定国"、"以死勤事"、"未尝宁居",没有坐享帝妃"第一国母"的清福……

这些足以表明,嫘祖是个识大体,明礼义,有韬略,大爱无私的贤妻圣母和万世母师。嫘祖一生为教导和推广蚕桑事业,奔走劳碌,最后逝世于南巡的衡山道。由于她巡行全国,教民蚕桑而逝于道上,因此被人们祀为"道神"、"行神"、"祖神",即保佑出行平安之神,后来又逐渐演变为"旅游之神"——旅游者的保护神。国人敬祀嫘祖,由祖先崇拜发

展为神灵崇拜，由民族共祖演进为人格神，具有双重身份，她和炎帝、黄帝一样，都是伟大的科学家、发明家、政治家和军事家。

神农氏遍尝百草的历史真相是怎样的？

神农氏是传说中农业和医药的发明者。他因发明了农耕技术而被尊为神农氏，因以火德王，又称炎帝、赤帝或烈（厉）山氏。不过关于神农氏与炎帝是否是同一个人这个问题，学术界一直存在争议。

很久以前，远古人民过着采集和渔猎的生活，因此受自然条件和自然环境限制很大。于是神农氏发明了木耒、木耜，开创了九井相连的水利灌溉技术等，并且教会人民农业生产。又传说神农氏遍尝百草，发现了药材，发明了医术，还教会了人们医治疾病。还制定了历法。

传说神农一生下来就是个"水晶肚"，几乎是全透明的，五脏六腑和吃进去的东西都能看得清清楚楚。那时候，人们经常因为乱吃东西而生病，严重的就会丧命。神农为此决心尝遍百草，能吃的就放在身体左边的袋子里，介绍给别人吃，用作药用；不能吃的就放在身体右边的袋子里，提醒人们不可以食用。

上古时期，五谷和杂草生长在一起，药物和百花杂生在一起，哪些植物可以吃，哪些植物可以治病，谁也分不清。所以百姓们都靠打渔狩猎过日子，因此天上的飞禽、地下的走

兽以及水中的鱼虾越越打越少。人们渔猎不到食物，只好饿肚子。谁要是生疮害病，无医无药，熬过去则已，熬不过去就只有等死了！

百姓的疾苦，神农氏看在眼里，痛在心上。那么，怎样才能解决百姓的难题呢？神农氏苦思冥想了三天三夜，最后终于想出了一个办法。

第四天，神农氏带着一批臣民，从家乡随州历山出发，向西北大山走去。他们日夜不停地走，整整走了七七四十九天，最后来到一个地方。只见高山一座接着一座，峡谷一条连一条，山上长满奇花异草，老远就闻到了香气。神农氏等人正要往前走，突然从峡谷中窜出来一群狼虫虎豹，把他们团团围住。神农氏立即让臣民们挥舞神鞭，向野兽们打去。打走一批，又拥上来一批，一直打了七天七夜，才把野兽们彻底赶跑了。那些虎豹蟒蛇身上被神鞭抽出一条条或一块块伤痕，后来就变成了皮上的斑纹。

当时，臣民们都说这里太险恶，劝神农氏回去。神农氏摇摇头说："决不能回去！黎民百姓饿了没吃的，病了没医的，我们怎么能就这样空着手回去呢？"说着他便领头进了峡谷，来到一座茫茫大山脚下。

这山半截插入云彩里，四面都是悬崖峭壁，看来没有登天的梯子是不可能上去的。神农氏站在一个小石山上，对着高山，上望望，下看看，左瞅瞅，右瞄瞄，希望找到路径上山。

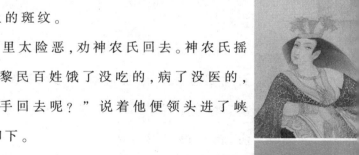

后来，人们就把他站的这座小山峰叫"望农亭"。过了不久，神农氏看见几只金丝猴，顺着高悬的古藤和横倒在崖腰的朽木爬了过来。神农氏灵机一动，计上心来！他立即把臣民们喊来，叫他们砍木杆，割藤条，靠着山崖搭成架子，一天搭上一层，从春天搭到夏天，从秋天搭到冬天，无论刮风下雨，还是电闪雷鸣，从来不停工。整整搭了一年，搭了三百六十层，才最终搭到山顶。据说，后来人们盖楼房用的脚手架，就是仿效了神农氏的办法。

很快，神农氏带着臣民登上了山顶。山上真是花草的世界，红的、绿的、白的、黄的、粉的、紫的，各色各样，繁花似锦。神农高兴极了，他叫臣民们提防着狼虫虎豹，他亲自采摘花草，放到嘴里品尝。为了在这里安心尝百草，神农氏叫臣民们在山上栽了几排冷杉，当做城墙防范野兽，而人们就在墙内盖茅屋居住。后来，人们就把神农氏住的地方叫做"木城"。

白天，神农氏领着臣民们到山上尝百草，晚上，他叫臣民们生起篝火，他就借着火光把那些花草的情况详细记录下来：哪些苦，哪些甜，哪些热，哪些凉，哪些能充饥，哪些能医病，都写得清清楚楚。

有一次，神农氏把一棵草放到嘴里一尝，顿时天旋地转，一头栽倒在地。臣民们慌忙把他扶起来抢救。神农氏醒来后，清醒地意识到自己中了毒，可是已经不会说话了，只好

用最后一点力气，指着面前一棵红亮亮的灵芝草，又指指自己的嘴巴。臣民们急忙把那红灵芝放到嘴里嚼嚼，然后喂到他嘴里。神农氏吃了灵芝草之后，毒气解了，头不昏了，也能说话了。从此，人们都说灵芝草可以起死回生。然而，臣民们认为神农氏这样尝草，随时都可能有生命危险，所以都劝他还是下山回去。神农氏还是摇摇头拒绝了。他决心把尝百草的事业坚持到底。

神农氏尝完一山花草，又到另一山去尝。一直尝了七七四十九天，踏遍了这里的山山岭岭。他尝出了麦、稻、谷子、高粱能充饥，就叫臣民们把种子带回去，让百姓们种植，这就是后来的五谷。他尝出了三百六十五种草药，撰成了《神农本草经》，叫臣民们带回去，为天下百姓治病。

神农氏尝完百草之后，终于为黎民百姓找到了可以食用充饥的五谷以及可以医治疾病的草药，他觉得大事已了，心愿已足，于是决定下山回去。然而他放眼一望，遍山搭的木架都不见了。原来，那些搭架的木杆，落地生根，淋雨吐芽，日久年深，竟然长成了一片茫茫林海。正当神农氏为如何下山犯难之际，突然天空飞来一群白鹤，把他和护身的几位臣民接上天庭去了。

为了纪念神农氏遍尝百草、造福人类的功绩，百姓们就把这一片茫茫林海，取名为"神农架"。

上面讲述的就是神农氏遍尝百草、发明农业和医术的传

说，反映了远古人类征服自然、改造自然的愿望、决心和勇气。在神农氏的诸多事迹中，最为人们熟悉和称道的是制未耜、种五谷一事，这也正是神农氏之所以被称为"神农"的主要原因所在。

农业包括种植、收获储备、加工食用三大步骤。在原始农业出现之前，人们过着采集和渔猎的生活，当时收获储备和食用是两个完全独立的过程，人们采集而储备的东西不一定都是食用的，人们食用的东西也经常是现采现吃，并不一定是先前储备的东西，而且人们储备的食物也往往不是植物种子。伴随着陶器的出现，人们才具备了安全有效的贮藏手段，因而得以长期储备食物和饮水，这才把采集储备和食用两个独立的过程结合在了一起。在这种情况下，人们越来越需要大量的植物种子，从而促使了原始种植业的诞生。原始种植业始于使用葫芦作饮水器具的伏羲氏时代，人们最早种植的就是葫芦。在种植葫芦的过程中，人们积累比较丰富的种植技术。到了女娲氏时代，也就是陶器时代，种植技术和对植物种子的需求逐步结合到了一起，这样一来，农业的出现已成为一种必须和必然。其实人们开始种植葫芦的时候，并不一定是因为需求才种植葫芦的，种植的目的很可能只是为了满足儿童的爱好和玩耍。当我们的祖先把种植葫芦转向种植草类植物而需要获取食用的种子时，原始农业就诞生了。

自古以来，吃草治病并非人类独有。很多动物都有吃药治病的现象，这说明早在人成其为人之前，人类的祖先就已经本能地积累了很多草药知识。原始农业产生之后，出于寻找更好的农作物种类的需要，人们在尝食植物的同时，更加注意了解植物的特性，不仅注意有毒没毒、能不能吃，更会注意了解不同的植物种类，不同部位、不同器官的苦辣酸甜味道，以及寒温特性等等，从而结合原有的草药知识形成了医药概念。换句话说，医药概念是伴随着原始探索驯化植物为农作物的过程中形成的，纯属一种"无心插柳柳成荫"式的发明创造。这应该就是神农氏发明医药的历史真相。

如果想大量种植农作物，首先要选择合适的植物种类，并经过驯化使其成为农作物品种，比如稻、黍、稷、麦、菽五谷；其次要有农具，比如耒耜；第三是要掌握农时。这些都需要长期的技术积累和知识积累，绝非一朝一夕就能做到的，一个人即使终其一生，也是难以做到的。因此可以说，神农氏并不是单指某一个人，它是远古人类的集中代表，更是一个漫长时代的缩影。

燧人氏钻木取火的历史真相是怎样的？

燧人氏，又称"燧人"，远古人类"茹毛饮血"，他钻木取火，教人熟食，是人工取火的发明者。关于燧人氏的神话传说，反映了中国原始时代从利用自然火，进化到人工取火的情况。

一本书知晓夏朝

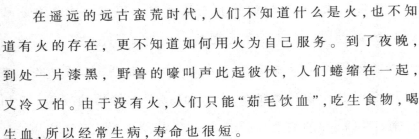

在遥远的远古蛮荒时代，人们不知道什么是火，也不知道有火的存在，更不知道如何用火为自己服务。到了夜晚，到处一片漆黑，野兽的嚎叫声此起彼伏，人们蜷缩在一起，又冷又怕。由于没有火，人们只能"茹毛饮血"，吃生食物，喝生血，所以经常生病，寿命也很短。

天上有个大神名叫伏羲，他看到人类生活得这样艰难，心里非常难过，他想让人们知道火的用处。因此，伏羲大显神通，在山林中降下一场雷雨。随着"咔"的一声，雷电劈在树上，树木立即燃烧起来，很快就变成了一片熊熊大火。人们被雷电和大火吓得四处奔逃。不久，雷雨停了，夜幕降临，雨后的大地更加湿冷。逃散的人们此刻又聚到一起，他们惊恐地看着燃烧的树木。这时候有个年轻人发现，原来经常出现在周围的野兽的嚎叫声消失了，他想："难道那些野兽怕这个发亮的东西吗？"于是，他勇敢地走到火边，啊！好舒服！他立即感到身上非常暖和——是这团发亮的东西为他驱散了寒冷！他兴奋地招呼大家："快来呀，这东西一点都不可怕，它给我们带来了光明和温暖！"这时候，人们又发现不远处烧死的野兽，散发着阵阵的香味。人们聚到火边，分吃烧过的野兽肉，他们顿时觉得自己从没有吃过这样的美味。他们由此感到了火的可贵，他们拣来树枝，点起火，保留起来。每天都有人轮流守护火种，不让它熄灭。可是有一天，值班看护火种的人睡着了，火烧尽了树枝，最后熄灭了。人们又

重新陷入了黑暗和寒冷之中。

大神伏羲在天上看到地上发生的这一切，很是焦急。他走入最先发现火的用处的那个年轻人的梦里，告诉他说："在遥远的西方有个燧明国，那里有火种，你可以去那里把火种取回来。"年轻人梦醒之后，想起梦里伏羲说的话，于是决心到燧明国去寻找火种。

年轻人翻山越岭，涉河过江，穿越森林，历尽千辛万苦，终于到达了燧明国。但是这里没有阳光，不分昼夜，四处一片黑暗，根本没有伏羲所说的火种。年轻人非常失望，就坐在一棵叫"遂木"的大树下休息。突然，年轻人眼前有一道亮光闪了几下，把周围照得很明亮。年轻人立即站起身来，四处寻找光源。这时候他发现就在这棵遂木树上，有几只大鸟正在用又短又硬的喙啄树上的虫子。只要它们一啄，树上就会闪出明亮的火花。年轻人看到这种情景，脑子里顿时灵光乍现——仿效大鸟，制造火花！他立即折了一些遂木的树枝，用小树枝去钻大树枝，树枝上果然闪出火光，可是却着不起火来。年轻人没有因此而灰心，他找来各种树枝，耐心地用不同的树枝进行摩擦。终于，树枝上冒烟了——出火了！年轻人高兴地流下了眼泪。

年轻人又经过长途跋涉，回到了家乡。他为人们带来了永远不会熄灭的火种——钻木取火！从此人们再也不用生活在寒冷和黑暗之中了。人们被这个年轻人的勇气和智慧所折

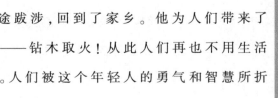

一本书知晓夏朝

服，推举他做首领，并称他为"燧人"，即"取火者"的意思。

　　上面讲述的就是燧人氏钻木取火的故事。人工取火的发明结束了人类"茹毛饮血"的时代，开创了人类文明的新纪元。因此，燧人氏一直受到后世的敬仰和崇拜，并被尊为三皇之首，奉为"火祖"。商丘市城西南2千米的燧皇陵，相传就是埋葬燧人氏的陵墓。

　　最早的远古人类，还不知道利用火，东西都是生着吃的，生吃植物果实还不算，就是打来的野兽，也是生吞活剥，连毛带血的生吃。后来，人们在偶然的雷电现象中发现并认识了天然火。

　　火的现象，自然界早已有之，火山爆发，会产生火；打雷闪电的时候，树林里也会起火。但是原始人最开始看到火，不会利用，反而怕得要死。后来偶尔捡到被火烧死的野兽，拿来一尝，觉得味道鲜美，比生吃好吃多了。后来又经过很多次的试验，人们逐渐学会了用火烧食物吃，并且想法子把火种保存下来，使它常年不灭。

　　又过了相当长的时期，人们利用坚硬而尖锐的木头，在另一块硬木头上使劲地钻，钻出火星来；也有的人把燧石敲敲打打，敲出火来。于是，人们慢慢懂得了工人取火的方法（通过考古材料可以知道，山顶洞人已经懂得人工取火）。那么，人工取火究竟是谁发明的呢？当然是广大的劳动人民，而并非单纯的某一个人，"燧人氏"只不过是广大劳动人民

的一个缩影。

人工取火是一个了不起的发明创造。从此，人们便可以随时吃到烧熟的食物了，而且食物的品种也越来越多。

传说中杜康是如何发明造酒之术的？

传说，轩辕黄帝手下有一名大臣叫杜康。黄帝命杜康管理粮食，杜康很是尽心尽责。他把丰收的粮食都堆放在山洞里，结果时间一长因山洞潮湿，粮食全都发霉腐烂了。黄帝知道以后，非常生气，下令说："以后如果粮食再霉烂，就处死杜康。"

当时，黄帝正在准备与陆浑族大战，征调来的粮食无处存放，杜康为此非常着急。有一天，杜康在空桑涧里发现了一片开阔的空地，周围有几棵大桑树枯死了，只剩下粗大的树干，树干里面已经空了，杜康灵机一动，他想，如果把粮食装在树洞里，或许就不会发霉了。于是他把自己的想法告诉了周围的人，大家都表示赞同，并且一齐动手，把树林里凡是枯死的大树，都一一掏空，并且把粮食全部装进树洞里。

谁知那几年风调雨顺，连年大丰收，粮食到处都是。装在树洞里的粮食根本用不上。几年以后，经过风吹、日晒、雨淋，树洞里的粮食慢慢发酵了。一天杜康上山查看粮食时，突然发现，一棵装有粮食的枯桑树周围躺着几只山羊、野猪和兔子。开始他以为这些野兽死了，于是大步走过去，想把这些野物弄回去让大家吃。谁知走近一瞧，它们居然还活

着,似乎都是在睡大觉。杜康一时搞不清楚是什么原因。正在纳闷之际,一头野猪摇摇晃晃地站了起来,它一见到有人,立刻窜进树林去了,紧接着山羊、兔子也一只只醒来逃走了。杜康正准备往回走,又发现两只山羊在装着粮食的树洞跟前舔着什么。杜康急忙躲到一棵大树后面观察,只见两只山羊舔了一会儿也摇摇晃晃起来,不一会儿就躺倒在地上。杜康飞快地跑过去想看个究竟。不看则罢,一看把杜康吓了一跳:原来装粮食的树洞已经裂开一条缝,里面的"水"不断往外渗出,山羊是舔了这种"水"才倒在地上的。杜康用鼻子闻了闻,渗出来的水特别清香,杜康忍不住尝了一口,味道虽然辛辣,但却特别醇美。他越尝越想尝,最后一连喝了好几口,霎时间觉得天旋地转,刚向前迈了两步,身体就不由自主地倒在了地上,然后昏昏沉沉地睡着了。不知过了多久,当杜康醒来时,他看到刚才躺倒在地上的山羊已经跑掉了。他顺手摘下腰间的尖底罐,接了一罐"水浆"带回了杜康村。

　　杜康把他的所见所闻向其他管粮食的人说了一遍。又把他带回来的醇香的"水"让大家品尝,大家都觉得很奇怪,于是有人想把此事报告给黄帝。有人不同意,因为杜康过去把粮食霉坏,被降了职;现在又把粮食装进树洞里,变成了水。黄帝知道了,就算不砍他的头,也会把他打个半死。杜康不慌不忙地向大家说:"事到如今,无论是好是坏,是福是祸,

都不能瞒着黄帝。"说着他提着尖底罐，去找黄帝了。

黄帝听完杜康的叙述，又仔细品尝了他带来的"水"，立即与大臣们商议此事。大臣们都认为这"水"是粮食的元气和精华，应该给它起个专用的名字。当时，为黄帝造字的大臣仓颉站出来说："酉日得水，咱就造个'酒'字吧！"从此，黄帝就命杜康用粮食造起酒来。

杜康先前因为霉坏粮食而被贬职，后来又因为酿酒有功，被黄帝加封为"宰人"。杜康在酿酒技术上每年都有新的改进。有一年风调雨顺，五谷丰登，这一年又是黄帝统一三大部落，建立部落联盟五十六周年的日子，黄帝为此举行盛大宴会，宴请各部落首领。黄帝命杜康给每人敬一碗酒，人们也向黄帝敬酒。正在这时候，一条巨龙突然从天而降，一头伸到摆在宴会上的大酒坛上，闻来闻去，但由于坛口太小了，龙嘴怎么也伸不进去，馋得龙嘴垂涎欲滴。当时大家都被吓得目瞪口呆，只有黄帝不慌不忙地走到巨龙跟前，把酒坛里的酒倒进一口大碗里，然后送到巨龙嘴边。巨龙一饮而尽，等黄帝再倒第二碗时，巨龙腾空飞起，转眼间便无影无踪了。人们这才松了一口气，黄帝又命杜康给大家敬第二轮酒。谁知，杜康走到酒坛跟前还没来得及倒酒，一股浓郁的酒香扑鼻而来，差一点把他醉倒。杜康给每人敬过酒以后，就觉得浑身舒畅，飘飘欲仙。他心想，这一定是巨龙的龙液滴入酒坛所致。

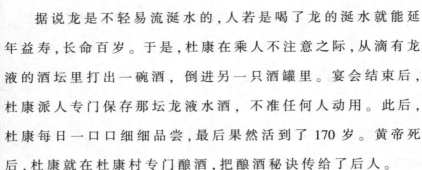

据说龙是不轻易流涎水的，人若是喝了龙的涎水就能延年益寿，长命百岁。于是，杜康在乘人不注意之际，从滴有龙液的酒坛里打出一碗酒，倒进另一只酒罐里。宴会结束后，杜康派人专门保存那坛龙液水酒，不准任何人动用。此后，杜康每日一口口细细品尝，最后果然活到了170岁。黄帝死后，杜康就在杜康村专门酿酒，把酿酒秘诀传给了后人。

仓颉造字的传说是真的吗？

仓颉，原姓侯冈，名颉，史皇氏，陕西省渭南市白水县杨武村鸟羽山（另一说山西临汾人）人。据《说文解字》记载，仓颉是黄帝时期造字的左史官，是我国原始象形文字的创造者，我国官吏制度及姓氏的草创人之一，被后世尊为"造字圣人"和中华文字的始祖。不过，汉字由仓颉一人创造只是一种传说，并无确切的事实依据，不过他很可能是汉字的整理者。

传说仓颉仰观天象，俯察万物，首创了"鸟迹书"，堪称人文始祖。黄帝认为他功绩过人，于是赐他"仓"姓，意为"君上一人，人下一君"。由于仓颉造字功德甚大，感动上天，玉皇大帝便赐给人间一场谷子雨，这就是今天所说的"谷雨"节气。仓颉去世后，当地百姓在他的墓葬处修建庙宇，并将这里的村庄取名为"史官村"。

相传仓颉在黄帝手下当官。黄帝分派他专门管理圈里牲口的数量、屯里食物的多少。但是随着时间的推移，牲口、食

物的储藏不断地增加,数量越来越多,光凭脑袋根本就记不住了。仓颉为此犯了难。

仓颉整日整夜地想方设法,以求解决这个难题。先是在绳子上打结,用各种不同颜色的绳子,表示各种不同的牲口。但时间一长,就不管用了。因为增加的数目在绳子上打个结很方便,但当数目减少时,在绳子上解个结就费事了。于是仓颉又想到在绳子上打圈圈,在圈子里挂上各式各样的贝壳,来象征他所管的东西。数目增加了就加一个贝壳,数目减少了就减掉一个贝壳。这个方法还真管用,一连用了好几年。

黄帝见仓颉这样能干,所以叫他管的事情越来越多,年年祭祀的次数,回回狩猎的分配,部落人口的增减,统统都叫仓颉管。仓颉又犯难了,现在光凭添绳子、挂贝壳已经不能满足需要了。怎样才能不出差错呢?

这天,仓颉参加集体狩猎,走到一个三岔路口时,看到几个老人正为该走哪条路争辩起来。一个老人坚持要往东,说有羚羊;一个老人要往北,说前面不远可以追到鹿群;一个老人偏要往西,说有两只老虎,不及时打死,就会错过机会,遗患无穷。仓颉一问,原来他们都是因为看了地上野兽的脚印,所以才各执一词的。仓颉心中猛然一喜:既然一个脚印代表一种野兽,我为什么不能用一种符号来代表我所管的东西呢?想到此,他兴奋地拔腿奔回家里,开始创造各种符号

来表示事物。果然，通过这种方法，他把事情管理得井井有条，头头是道。

黄帝知道以后，对仓颉大加赞赏，并且命令仓颉到各个部落去传授这种方法。于是，这些符号的用法逐渐被推广开来，后来经过进一步发展，逐渐形成了文字。

仓颉造出了文字，黄帝很是器重他，人们也更加尊敬和拥戴他，他的名声越来越大了。恃宠生骄，说的一点也不假，仓颉有些飘飘然了，他开始什么人也看不起，造字也开始马马虎虎起来。

好事不出门，坏事传千里！这件事很快传到了黄帝耳朵里，黄帝勃然大怒，他绝不容许自己的任何一个臣子变坏。更何况是他最为器重的仓颉呢？黄帝召来身边最年长的老人商量。这个老人长长的胡子上打了120多个结，表示他已经120多岁的人了。老人沉吟了一会儿，独自去找仓颉了。

仓颉正在教各个部落的人识字，老人默默地坐在最后，和其他人一样认真地听着。仓颉讲完以后，别人都散去了，只有那个老人不走。仓颉有点好奇，于是上前去问他为什么不走。

老人说："仓颉啊，你造的字已经家喻户晓，可我老眼昏花，有几个字至今还糊涂着呢！你能不能再教教我啊？"

仓颉看这么大年纪的老人都如此尊重他，非常高兴，所以催他快说。

老人说:"你造的'马'字,'驴'字,'骡'字,都有四条腿吧("马"的繁体字为"馬",所以他说有四条腿)?而牛也有四条腿,你造出来的'牛'字怎么没有四条腿,只剩下一条尾巴呢?"

仓颉一听,心里有点慌了:自己原先造"鱼"字时,由于疏忽把"鱼"写成了"牛",造"牛"字时,又把"牛"写成了"鱼",所以才导致了老人有此一问。都怪自己粗心大意,才铸下了这样的大错。

老人接着又说:"你造的'重'字,是说有千里之远,应该念作出远门的'出'字,而你却教人念成重量的'重'字。反过来,两座山合在一起的'出'字,本该为重量的'重'字,你倒教成了出远门的'出'字。这几个字真叫我难以琢磨啊!只好来请教你了。"

这时仓颉羞得无地自容,深深悔恨自己因为骄傲而铸成了大错。这些字已经教给了各个部落,传遍了天下,想改也来不及了。他连忙跪下,痛哭流涕地表示忏悔。

老人拉着仓颉的手,诚恳地说:"仓颉啊,你创造了字,使我们老一代的经验能记录下来,传播下去,你做了件大好事,世世代代的人都会记住你的功德,但你可不能骄傲自大啊!"

从此以后,仓颉每造一个字,都会将字义反复琢磨推敲,而且还拿去征求人们的意见。等到大家都说好时,才最后确

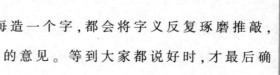

定下来，然后再传到每个部落去。

　　上面所讲的就是传说中仓颉造字的故事。其实，这只是古人对仓颉的一种盲目崇拜，后来又经过后世文人和史学家的炒作，仓颉便成了中国文字发明的始祖。实际上中国的文字史早在仓颉以前数千年就已经诞生了。

　　在遥远的上古时代，人类的祖先和其他动物一样没有语言。相互间的交流只是靠肢体的动作来表示。人类最早的语言是单音叹词，比如"咦"、"呀"、"哇"、"哈"等等，继而发展成双音词，后来又经过数百万年的进化和发展，到了有巢氏时代的后期（距今约 10 万年），才有了人类的初级语言。

　　到了燧人氏时代，人类的语言已经非常丰富。但是这时候还没有文字，如果有什么重大的事情需要记录，只能用摆放石块的方法来记事，叫做"堆石记事"。堆石记事的方法是以石块的大小、多少、堆放的方法和位置，分别代表不同的事物。这种方法既麻烦又不便于管理，而且很容易遭到破坏。后来，燧人弇兹氏的织女发明了搓绳技术，继而又发明了"结绳记事"。结绳记事是用柔软而有韧性的树皮搓成细绳，然后把数十条细绳排列整齐悬挂在一处，在上边打结记事。大事就打个大结，小事就打个小结，先发生的事打在里边，后发生的事打在外边。为了能够记录更多的事情，织女又利用植物的天然色彩，把细绳染成各种不同的颜色，每种颜色分别代表一类事物，从而使所记之事更加清楚。与"堆

石记事"相比,"结绳记事"更方便,更易于保存,因而应用了很长一段历史时期。

燧人氏晚期,燧人氏发明了最早的"符号文字"。符号文字最初主要由"○"、"△"、"米"三个符号构成,它的发明源于"结绳记事"的大结和小结。由于有人嫌结绳记事太麻烦,于是把结绳记事的"结"用符号刻在石头上,大结用"○"表示,小结用"△"表示,重叠结用"米"表示。后来,人们逐渐发现用这种方法记事比结绳记事更简便,更高明,因为它避免了"结绳记事"容易被烧毁和腐烂等不利因素,可以永久地保存下来。于是人们逐渐改用"符号刻记"来代替"结绳记事",并且又逐渐发明了数十种不同的符号来代替不同的事物,这种符号就是我国远古时期最初的符号文字。

远古符号文字在中国历史上延续了5000多年,远古早期的文化记录基本上都是用符号文字记录下来的。远古时代有专门负责记录历史的职官,如上柱史、大典氏、少典氏,这些职官都是在黄帝政权以前。由此可见,中国的文明历史并不是像司马迁所说的那样始于黄帝,而是比黄帝更早。

符号文字虽然已经有了数千年的历史,但它毕竟属于密码性质的文字,只能在少数人中间流传,局外人根本无法破译,因此很难普及开来。于是民间又发明了图画文字,用简单的画面来表现具体事物,如画一个山形代表"山",画几个水波代表"水",画一个圆形代表"太阳",画半个圆代表"月

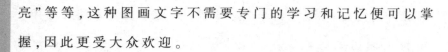

亮"等等,这种图画文字不需要专门的学习和记忆便可以掌握,因此更受大众欢迎。

仓颉的功绩就在于,他广泛搜集了民间的图画文字,然后加以归纳整理,创造了有系统的象形文字。史书上说:"仓帝史皇氏,名颉,姓侯冈……生而能书。及受河图录字,于是穷天地之变,仰观奎星圆曲之势,俯察龟纹鸟羽山川指掌而创文字。天为雨粟,鬼为夜哭,龙乃潜藏"(《黄氏逸书考》辑《春秋元命苞》)。

古文《河图玉版》也载文说:"仓颉为帝南巡,蹬阳虚之山,临于元扈洛汭之水。灵龟负书,丹甲青文以授之。"洛汭在今洛阳市洛宁县境内,今洛宁县兴华乡西北仍保留有仓颉造字台,是后人为纪念仓颉而建造的。

关于"河图、洛书",古史记载颇多,其中大部分是夏、商、周三代开国君王假借天命托古而伪造的。仓颉所见到的洛书应该是燧人弇兹氏所创造的原始洛书。该书完全由上古文字符号"〇"、"●"构成。"〇"代表天,为阳;"●"代表地,为阴。该书以简单的符号融天文、地理、数学、玄学为一体,内容丰富,高深莫测。

仓颉是一个极其聪明的人,他根据洛书上的符号文字进行了一系列深入的研究,并且吸纳了从民间搜集来的部分图画文字,从而创立了独特的象形文字,并以象形文字做为本部族的正统文字。炎帝神农氏的四任帝姜明听说后非常恼

火,认为仓颉违逆祖宗大逆不道,便派军队征讨。仓颉不服,亲率本族迎战,击败了炎帝神农氏的军队。仓颉继而率族众反击,一路东征,攻占了黄河以北的部分地区(今豫北地区),旋即以阳武为都城,自立为帝,号仓帝。以甲辰年(公元前4637年)为仓帝元年。

仓颉30岁称帝,在位执政42年,卒于仓颉四十二年(乙酉,公元前4596年),享年71岁。死后葬在濮地(今河南濮阳市南乐县梁村西北),尊号仓帝。

"精卫填海"是怎样一个神话传说?

精卫是古代神话中的鸟名。精卫填海是《山海经》中记叙的一则神话故事:中国上古时期,有一种名叫精卫鸟。它原本是炎帝宠爱的女儿,名叫女娃。有一天,女娃去东海玩,不料突然风暴袭来,女娃死于风暴之中。她死后变成了一只鸟,名字就叫做"精卫鸟"。精卫鸟去西山衔来石子儿和树枝,一次又一次投到大海里,想要把东海填平。后来人们便用"精卫填海"这个成语,比喻仇恨极深,立志报复。再后来词义进一步扩大,用于比喻意志坚决,不畏艰难,按既定的目标坚毅不拔地奋斗到底。

炎帝有一个小女儿,叫女娃。女娃非常漂亮乖巧,黄帝见了她,也都忍不住夸奖她,炎帝视女娃为掌上明珠。

炎帝不在家时,女娃只能独自玩耍,她非常想让父亲带她出去,到东海——太阳升起的地方去看一看。但是由于父

亲整天忙于公事：太阳升起时来到东海，直到太阳落下。几乎天天如此，总是不能带她去。这一天，女娃没有告诉父亲，偷偷一个人驾着一只小船向东海太阳升起的地方划去。不幸的是，海上突然起了狂风大浪，像山一样的海浪将女娃的小船打翻了，女娃不幸落入海中，最终被无情的大海吞没了，永远不能回来了。炎帝非常痛念自己的小女儿，但却不能用太阳光来照射她，使她死而复生，也只有独自黯然神伤、唏嘘嗟叹了。

女娃死后，她的精魂化成了一只小鸟，花脑袋，白嘴壳，红色的爪子，发出"精卫、精卫"的悲鸣，因此，人们便把这种鸟叫做"精卫"。

精卫痛恨无情的大海剥夺了自己年轻的生命，她要报仇雪恨。因此，她一刻不停地从她住的发鸠山上衔来小石子和树枝，展翅高飞，一直飞到东海。她在波涛汹涌的海面上来回翱翔，悲鸣着，把石子和树枝投下去，想把大海填平。

大海奔腾着，咆哮着，嘲笑她说："小鸟儿，算了吧，你这工作就算干上一百万年，也休想把我填平！"

精卫在高空答复大海说："哪怕是干上一千万年，一万万年，干到宇宙的尽头，世界的末日，我也要把你填平！"

"你为什么这么恨我呢？"

"因为你夺去了我年轻的生命，你将来还会夺去很多年轻无辜的生命。我要永无休止地干下去，总有一天会把你填

成平地。"

精卫飞翔着、鸣叫着，离开大海，又飞回到发鸠山去衔石子和树枝。她衔呀，扔呀，成年累月，往复飞翔，一刻也不停息。后来，一只海燕飞过东海时无意间看见了精卫，他为她的行为感到困惑不解，但在了解了事情的前因后果之后，海燕为精卫大无畏的精神所感动，就与其结成了夫妻，然后生出很多小鸟，雌的像精卫，雄的像海燕。小精卫和她们的妈妈一样，也去衔石填海。直到今天，她们还在做着这种工作。

精卫锲而不舍的精神，善良的愿望，宏伟的志向，受到世人的尊敬。晋代诗人陶渊明在诗中写道："精卫衔微木，将以填沧海。"用以热烈歌颂精卫敢于向大海抗争的战斗精神。后人也常常以"精卫填海"比喻志士仁人所从事的艰巨卓越的事业。

人们同情精卫，钦佩精卫，于是把它叫做"冤禽"、"誓鸟"、"志鸟"、"帝女雀"，并在东海边上立了个古迹，叫做"精卫誓水处"。

在距离山西省长子县城西25千米处，有一座海拔1646.8米的发鸠山，蜿蜒南北，雄伟壮观。山头雾罩云腾，颇具仙境气势。神话传说《精卫填海》中所说的"常衔西山之山石，以堙于东海"，其中的"西山"，就是指发鸠山。

精卫固然小，但它的悲壮之举，千百年来震撼着人们的心灵；沧海固然大，而精卫坚韧不拔、锲而不舍的精神更为

伟大，这正是我们民族精神的一种象征！

夸父为什么要去追赶太阳？

"夸父逐日"的故事出自于《山海经·海外北经》，讲的是夸父奋力追赶太阳、长眠虞渊的故事。比喻有宏大的志向，或巨大的力量和气魄，也比喻人类战胜自然的决心和雄心壮志。偶尔也用于贬义，比喻自不量力。

夸父追日的神话，曲折地反映了远古时期人们向大自然挑战、竞胜的精神。《山海经》记载这个神话时说夸父"不量力"，晋代陶渊明在《读山海经》诗中却称赞说"夸父诞宏志，乃与日竞走。"

远古时期，在北方荒野中，有一座巍峨雄伟、高耸入云的高山。在山林深处，生活着一群力大无穷的巨人。他们的首领，是幽冥之神"后土"的孙子，"信"的儿子，名叫夸父。因此这群人就被称作夸父族。他们不仅身强力壮，高大魁梧，意志力坚强，气魄非凡，而且心地善良，勤劳勇敢，过着与世无争，逍遥自在的日子。

当时大地荒凉，毒蛇猛兽肆意横行，人们生活凄苦。夸父为让本部落的人们能够平安地活下去，每天都率领众人跟洪水猛兽搏斗。

夸父常常将捉到的凶恶的黄蛇挂在自己的两只耳朵上作为装饰，或者抓在手上挥舞，引以为荣。

有一年，天气非常炎热，火辣辣的太阳照在大地上，烤死

了庄稼，晒焦了树木，干涸了河流。人们渐渐难以忍受，夸父族的人也纷纷死去。

夸父看到这种情景非常难过，他仰头望着太阳，告诉族人："太阳实在是可恶，我要追上太阳，捉住它，让它听我的指挥。"族人听后纷纷劝阻。

有的人说："你千万别去呀，太阳离我们那么远，你会累死的。"

有的人说："太阳那么热，你会被烤死的。"

然而夸父心意已决，发誓要捉住太阳，让它听从人们的指挥，为大家服务。他看着愁苦不堪的族人，坚决地说："为了大家的幸福生活，我一定要去！"

第二天，太阳刚刚从海上升起，夸父就告别了族人，怀着雄心壮志，从东海边上向着太阳升起的方向，迈开大步追去，开始了他逐日的征程。

太阳在空中飞快地跑呀跑，夸父在地上飞一般拼命地追呀追。他穿过一座座大山，跨过一条条河流，大地被他的脚步震得"轰轰"作响，摇摆不定。

夸父跑累了，就微微打个盹，将鞋里的土抖落在地上，于是形成了大土山。饿的时候，他就摘野果充饥，有时候他也煮饭。他用三块石头架锅，这三块石头，就成了三座鼎足而立的高山，有几千米高。

夸父追着太阳跑，眼看离太阳越来越近，他的信心也随

之越来越强。然而他离太阳越近，就渴得越厉害，而且喝水已经不能止渴了。但是，夸父没有害怕，他一直鼓励着自己："快了，就要追上太阳了，人们的生活就会幸福了。"

经过九天九夜，在太阳落山的地方，夸父终于追上了太阳。

红彤彤、热辣辣的火球，就在夸父眼前，万道金光，沐浴在他身上。夸父无比欢欣地张开双臂，想把太阳抱住。可是太阳炽热无比，夸父感到又渴又累。于是他跑到黄河边，一口气将黄河之水喝干了；他又跑到渭河边，把渭河之水也喝光了，可是仍不解渴；他又向北跑去，那里有纵横千里的大泽，大泽里的水足够夸父解渴，但是，夸父还没等跑到大泽，就在半路上渴死了。夸父临死的时候，心里充满了愧疚和遗憾，他还牵挂着自己的族人，于是他将自己手中的木杖扔出去。木杖落地的地方，顿时生出一片郁郁葱葱的桃林。这片桃林终年茂盛，为往来的过客遮荫，而且结出很多很多鲜桃，为勤劳的人们解渴，让人们消除疲劳，精力充沛地踏上旅程。

夸父逐日并非空穴来风，它是有一定的事实依据和积极意义的。那么，夸父为何要去追赶太阳？

杨公骥先生认为，夸父逐日的故事有着极其深刻的寓意。它说明"只有重视时间和太阳竞走的人，才能走得快；越是走得快的人，才越感到腹中空虚，这样才能需要并接收更

多的水（不妨将水看做知识的象征）；也只有获得更多的水，才能和时间竞走，才能不致落后于时间"。杨公骥先生这一观点被编入《中国文学》一书，受到很多专家学者的赞同。

另外，文学家萧兵先生在他的《盗火英雄：夸父与普罗米修斯》一书中说：夸父逐日是为了给人类采撷火种，使大地获得光明与温暖。夸父是"盗火英雄"，是中国的普罗米修斯。萧兵先生的看法，颇具几分浪漫色彩。还有人把夸父逐日看成是人与自然界的一种争斗，夸父代表"水"，而太阳代表"火"，水火难以相容。夸父逐日的故事，给人以丰富的想象，也给人以深刻的启迪。如何理解这个故事，已经不仅仅是学术界关注的问题，它的积极意义在于人们可以根据各自不同的理解，去认识这个世界，去实现自己美好的追求。

夸父逐日实际上是中华民族历史上的一次长距离、大规模的部族迁徙，是一次很有胆略的探险。然而，由于他们对太阳的运行和我国西北部地理状况的认识是完全错误的，所以最后以失败告终。

在远古时期，任何一个部族在一个地方定居了相当长的时间，其原始的、破坏性的劳动，必然会使那里的资源受到破坏并趋于枯竭：土地肥力下降或盐碱化，狩猎和捕鱼范围扩大而获得的数量却日益减少，诸如此类的情况总在不断地发生，因而能获得的食物和其他物资只会越来越少。在这种情况下，只有一种选择，就是部族迁徙，迁徙到新的、更好的地方。

夸父遇到这个问题时的决定是：向西，去太阳落下的地方——禺谷。这个决定，在现代人看来是荒谬而可笑的，因为我们知道：大地是球形的，在不停地围绕着太阳运转，太阳根本不会落入地球。如果向西迁移，不是被高山挡住，就是进入沙漠，适合人类居住的地方不多。然而对夸父族这样一个内陆部族来说，作出这样的决定却是正常的。大地是球形的，地球围绕太阳运转以及我国西北部的地理状况，他们根本一无所知。他们最多可能从靠近黄海、渤海的部族那里知道：东面是大海，太阳从海中升起。至于西面，尽头是禺谷——太阳落下的地方。

夸父部族应该是一个以农业生产为主的部落，他们应该已经意识到了阳光决定了季节，决定了农业以及其他的生产活动，这样看来，在太阳落下的禺谷里，阳光是最充足的，这对于因资源不足而面临困境的夸父族人来说，是一个最佳的迁徙目的地。然而不幸的是，他们却走进了沙漠。在无穷无尽的沙漠里，到处都是黄色的沙丘，白天一片酷热，又非常缺水，干渴得令人难以忍受。从史料记载来看，他们在沙漠中找到了河流，并把这条河的主干称为河（黄河），源头的分支称为渭（渭河）。这种河是在夏季由远处高山上的冰雪融化汇集形成的，属于季节河。随着时间的推移，由夏入秋，气温下降，冰雪融化逐渐减少，河水就会变浅进而干涸。当夸父族人发现河水突然迅速变浅，水面变窄，水量不断减少

时，他们明白赖以生存的水源就要消失了。在这种情势下，是坚持前进，还是退回去？夸父最后决定：留一部分人在绿洲，其他的人在夸父的率领下，向北去寻找大泽。那么北方真的有大泽吗？所谓的大泽，很有可能是他们看到了海市蜃楼，或是一种纯粹的幻象。但不管是什么原因，结果都是一样的：向北走，依然是沙漠。沙漠是严酷无情的，又是漫无边际的。在漫长的跋涉中，夸父等人体力迅速下降，又没有足够的水。最后，他们终于都倒在了沙漠之中。

这就是"夸父逐日"的实际情况。人类在远古时代是以破坏自然环境为代价，才得以生存下来的，每每居住一处，就会破坏一处。因此，迁移、拓荒是非常频繁的。而夸父逐日，由于他非凡的胆略，成为中华民族历史上第一次被记录的因水源不足而造成的拓荒失败。

夸父的失败，使远古的人类逐渐认识到征服西北是无比艰难的。从此，水，而非战乱，决定了中华民族只能向南发展。数千年来，南方地区一直在移民开发，原始森林、荒芜之地不断变为繁华的城镇，而西北地区至今依然还是地广人稀。

神话传说和真实的共工各是怎样的？

共工是中国古代神话中的天神，为西北的洪水之神，传说他与黄帝族的颛顼发生战争，大败之后怒而头触不周山，结果使得天地为之倾斜。此外还有一种说法，说共工是帝尧

的大臣，与驩兜、三苗、鲧并称为"四凶"，被尧流放于幽州。

据传说，颛顼是黄帝的孙子，号高阳氏，居于帝五（今河南濮阳附近）一带。他聪慧过人，富于智谋，在百姓威望甚高。他统治的地盘也非常大，北到现在的河北一带，南到南岭以南，西到现在的甘肃一带，东到东海中的一些岛屿。据古代史书记载，颛顼巡视的所到之处，都受到部落民众的热情接待。

但是颛顼也做过一些不合情理的事情。有这么一条律令就是他规定的：规定妇女在路上与男子相遇，必须先避让一旁；假如不这样做，就要被拉到十字路口打一顿。这条法律虽然是传说，但也说明了在颛顼那个时期，由于生产方式的变化，男子成了氏族社会中的主导力量，妇女的地位已经低于男子，父系氏族社会取代了母系氏族社会，男子在社会上的权威已经确立。

与颛顼同时期，还有一个著名的部落领袖，名叫共工氏。传说他是二人首蛇身，长着满头的赤发，他的坐骑是两条龙。据说共工氏姓姜，是炎帝的后裔。他的部落在今天的河南北部。共工氏对农耕非常重视，尤其是对水利工作更是重视，他发明了筑堤蓄水的方法。那个时候，人类主要从事农业生产劳动，水的利用是至关重要的。共工氏是一个为农业生产的发展做出过杰出贡献的人。

共工氏有个儿子叫后土，对农业也很精通。他们为了发

展农业生产，把水利的事情办好，于是一起去考察了部落的土地情况。他们发现有的地方地势太高，田地浇水很吃力；有的地方地势太低，容易被淹。这些情况很不利于农业生产。因此共工氏制订了一个计划，即把土地高处的土运去垫高低地，他认为垫高洼地可以扩大耕种面积，高地去平，有利于水利灌溉，对发展农业生产大有好处。

然而颛顼部不赞成共工氏的做法。颛顼认为，在部族中拥有至高无上权威的只有自己，整个部族都应当听从他一个人的号令，共工氏绝不能自作主张。因此他极力反对共工氏实行他的计划。于是，颛顼与共工氏之间发生了一场异常激烈的斗争，表面上是对治土、治水的争论，实际上是对部族领导权的争夺。

他们两个人比起来各有长短，在力气上，共工氏要强；但要论机智，他远远不如颛顼。颛顼利用鬼神的说法，煽动部落民众，叫他们不要相信共工氏。当时的人对自然知识缺少了解，对鬼神之事却都极为相信，因此不少人上了颛顼的当，认为共工氏一平整土地，就会触怒鬼神，惹来灾难，因此，颛顼得到了大多数民众的支持。

共工氏虽然没有得到民众的理解和支持，但他坚信自己的计划是正确的，因而坚决不肯妥协。为了天下百姓的利益，他决心不惜牺牲一切代价，哪怕是用生命去为自己的事业殉葬。于是他来到不周山（今昆仑山），想把不周山的峰顶

撞下来，用以表示自己的坚定决心。

共工氏驾起飞龙，来到半空，猛地一下向不周山撞去。霎时间，一声震天巨响，只见不周山被共工氏撞得拦腰折断，整个山体轰隆隆地坍塌下来。天地之间迅速发生巨变，天空中，日月星辰都移了位；大地上，山川移动，河川变流。原来这不周山乃是天地之间的支柱，天柱折断了，使得系着大地的绳子也崩断了，只见大地向东南方向塌陷，天空向西北方向倾倒。由于天空向西北方向倾倒，日月星辰就每天都从东边升起，向西边降落；由于大地向东南方向塌陷，大江大河的水都向东奔流，最后流入东边的大海。因此，原来世间的景象全部颠倒了！

共工氏英勇的行为得到了人们的尊敬。在他死后，人们奉他为水师（司水利之神），他的儿子后土也被人们奉为社神（即土地神），后来人们发誓时说的"苍天在上，后土在下"，说的就是他们父子二人，由此可见人们对他们的敬重。

关于共工氏和颛顼争夺帝位，怒撞不周山的神话传说，已经流传了数千年。神话自然不能当真，但也有它存在的原因和合理性，这个神话说明在那时我们的祖先还不知道如何解释各种各样的自然现象，不了解、也无法掌握自然规律，因此在自然面前是那样的无能为力，因此把各种疑惑归之于神的存在，自然力也随之被形象化，人格化。因此也就出现了这些神话传说，用以歌颂人们心目中的英雄。

共工撞到不周山之后，颛顼就放过了他。因为颛顼是一个仁慈的君主，不会赶尽杀绝的。但共工却没有因此而罢休。他起身去了西亚之地，碰巧救了诺亚一家。因此就拣选了他的后人即犹太人做他的子民，创立了犹太教，用来实现他的复仇计划！希伯来文中上帝（GOD）就是共工的谐音。从一开始他就对打败他的颛顼及其后人充满了仇恨，因此他立下了如下教规：

1. 龙就是撒旦，是他及他的教众的最大的敌人。（中华民族的始祖伏羲和女娲都是人面蛇身的形象，因而中国人一直以龙的传人自居。）

2. 占卜、算卦都是邪术。（中国传统文化中的河图、洛书、八卦等都来源于伏羲。）

3. 只能崇拜他自己，他才是唯一的真神。（对中华文明有影响的远古人物众多，因而多神崇拜是很自然的。）

共工失败以后，自然会对与战争对手相关的东西深恶痛觉，并且期待将来有朝一日能够反败为胜。而对自己的追随者，他也自然会将自己的期望（在将来把龙打败）和痛恨的东西（龙的形象、东方的核心文化）向他们说明，同时当然会把自己的敌人描绘成恶魔（即撒旦）。为了让他的追随者们忠心耿耿，当然还要禁止他们崇拜其他的神。这应该就是共工当时的心理。

至于传说中的共工氏，当然并不一定确有其事，不过他

那种勇敢、坚毅，愿意牺牲自己来改造山河的大无畏精神，是非常值得我们钦佩的。尽管这些神话传说是后人的臆想和艺术加工，但在反映原始社会的某些方面，在一定程度上也是接近历史实况的，比如部落首领被神化，就反映了原来是服务于部落的首领转化成了高高在上、拥有至高权力的统治者，原始社会也就开始有了阶段的分化。

那么，真实的共工又是怎样的呢？确切的情形我们不得而知。通过一些史书记载，我们可以粗略地知道，共工是颛顼时代一个比较强大部族的首领，活动在今河南省新乡市辉县一带。那时候，黄河经常泛滥成灾，严重威胁了这个部落的生存，于是共工率领民众与洪水英勇搏斗。他们采取"堵"而不是"疏"的办法来治水，具体方法是把高地铲平，低地填高。在平坦地面上修筑堤防。用土堤来挡水，由于这种方法没有疏通河流，水依然会漫流泛滥成灾，因此共工的治水最后都遭到了失败，不过这却为后人治水积累了经验。共工是我国最早的治水英雄，因此被后世尊为"水神"。共工治水表现出来的永不言败的精神，是中华民族宝贵的精神财富。而共工与颛顼争夺帝位的故事，后来就被演绎成"共工怒而触不周之山"的神话。

传说中的颛顼有哪些作为？

颛顼（音 zhuān xū），中国历史中的传说人物，为五帝之一，九黎族的首领。相传颛顼是黄帝的孙子，昌意的儿子。相

传昌意是黄帝与嫘祖的次子，封于若水，娶蜀山氏之女昌仆为妻，后生颛顼。颛顼性格深沉而有谋略。15岁时就辅佐少昊，治理九黎地区，封于高阳（今河南杞县东），所以又称其为高阳氏。黄帝死后，因颛顼有圣德，被立为帝，时年20岁。

帝颛顼所居玄宫为北方之宫，北方色黑，五行属水，古人说他是以水德为帝，所以又称其为玄帝。帝颛顼以帝丘（今河南濮阳）为都城，以句芒为木正、蓐（Rù）收为金正、祝融为火正、玄冥为水正、句龙为土正，合称五官。他即位之后，严格遵循黄帝的政策行事，继续保持了社会的安定太平。

传说在黄帝晚年，九黎信奉巫教，崇尚鬼神而废弃人事，一切都靠占卜来决定，百姓家家都有人做巫史搞占卜，人们不再诚敬地祭祀上天，也不再安心于农业生产。颛顼为了解决这个问题，决定实行宗教改革。他亲自净心诚敬地祭祀天地祖宗，为万民作出表率，又任命南正重负责祭天，以和洽神灵，任命北正黎负责民政，以抚慰万民，劝导百姓按照自然规律从事农业生产，鼓励人们开垦田地。他还大力禁断民间以占卜通人神的活动，从而使正常的社会秩序得以恢复。

颛顼聪明敏慧，富有智谋，在民众中有很高的威信。他统治期间，地域扩大了很多，北到现在的河北省一带，南到南岭以南，西到现在的甘肃一带，东到东海中的一些岛屿，几乎都属于他统治的地城。古代史书上描写说，颛顼视察所到之处，都受到部落百姓的热情接待。

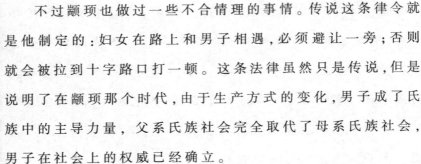

不过颛顼也做过一些不合情理的事情。传说这条律令就是他制定的：妇女在路上和男子相遇，必须避让一旁；否则就会被拉到十字路口打一顿。这条法律虽然只是传说，但是说明了在颛顼那个时代，由于生产方式的变化，男子成了氏族中的主导力量，父系氏族社会完全取代了母系氏族社会，男子在社会上的权威已经确立。

颛顼生子穷蝉，是舜的高祖。据说颛顼在位78年，活到98岁逝世，葬于东郡濮阳顿丘城外广阳里（今河南省濮阳县西南）。

帝喾有哪些传说？

帝喾(kù)，姓姬，是上古时期"三皇五帝"中的第三位帝王，黄帝的曾孙，前承炎黄，后启尧舜，奠定了华夏的基根，是华夏民族的人文始祖。

帝喾15岁时，因辅佐颛顼帝有功，被封于高辛（今商丘市南高辛）。30时，继颛顼为帝，都于亳。由于他兴起于高辛，所以历史上也把他称为高辛氏。享寿百岁。死后葬于濮阳顿丘城南台阴野之秋山。

帝喾即帝位以后，"聪以知远，明以察微。顺天之义，知民之急。仁而威，惠而信，修身而大下服"。他在位70年，天下大治，百姓安居乐业。

帝喾的儿子在中国历史上也是很有名的。元妃简狄生了契，契是商的祖先。次妃庆都生了尧。尧是历史上有名的圣

贤之君、五帝之一。次妃常仪生了挚,挚继承了喾的帝位,后禅位给帝尧。

相传帝喾生于穷桑(西海之傧),其母握裒因踏巨人足迹而受孕,生下了帝喾。帝喾自幼聪明好学,十几岁便负有盛名,15岁开始辅佐颛顼,因功封于高辛。30岁得帝位。传说帝喾有四妃,长妃叫姜原,是有邰国(今陕西武功县)君的女儿。相传姜原在娘家时,因外出踏上巨人脚印而怀孕,由于是无夫生子,所以把生下的孩子三次弃于深巷、荒林与寒冰上,幸而得到牛羊虎豹百鸟的保护没有死去,所以起名叫"弃"。弃长大后喜欢农艺,教人种五谷,被尊为后稷,是周民族的祖先。次妃简狄,是有松国(今甘肃高台县)君的女儿。相传简狄在娘家与她的妹妹子建疵在春分时到玄池温泉洗浴,有燕子飞过,留下一卵,被简狄吞食,后简狄怀孕生契,契是商族的祖先。三妃庆都,相传是大帝的女儿,生于斗维之野(大概在今河北蓟县),被陈锋氏妇人收养,陈锋氏死后又被尹长孺收养。后庆都随养父尹长孺到今濮阳来。由于庆都头上始终覆盖着一朵黄云,因此被认为是奇女。帝喾的母亲听说之后,劝帝喾纳庆都为妃,后生尧。四妃常仪,聪明美丽,发长垂足,先生一女叫帝女,后生一子叫挚。挚与尧后来都继承了王位。

传说帝喾非常喜欢音乐,他叫乐师咸黑制作了九招、六列、六英等歌曲,又命乐垂制作了鼙鼓、钟、磬等乐器,让64

名舞女,穿着五彩衣裳,随歌跳舞。在音乐起鸣之后,凤凰、大翟等名贵仙鸟也都云集于殿堂,翩翩起舞。古时候认为只有德行高尚的人才能招来凤凰。

帝喾喜好巡游,他东到泰山、东海;东北至辽宁;北到涿鹿、恒山、太原;西北至宁夏、甘肃;西南至四川;南到湖北、湖南至长沙。他几乎游遍了三山五岳,参观了女娲、少昊、黄帝等现任的遗迹。虽然这些传说未必是真实的,但却也能看出,当时中国的地域已是相当辽阔。

帝喾在位时期,战乱较少。只是在帝喾带领常仪、帝女南巡时,在云梦大泽遇到了房王作乱。当时帝女带着一只有神通的狗,名叫盘瓠,它暗暗跑到敌营,咬死了房王,从而很快平息了祸乱。

有关帝喾的传说还有很多,《史记·五帝本纪》记载:"高辛声而神灵,自言其名。知民之急,仁而威,惠而信,修身而天下服,取地之财而节用之,抚教万民而利海之,……日月所照,风雨所至,莫不从服。"由此可知,帝喾应该是一位恩惠雨露,万民诚服的帝王。

传说中的尧有哪些功和过?

尧,姓伊祁,名放勋,史称唐尧。公元前2377年农历二月初二,尧在唐地伊祁山诞生,跟随他的母亲在庆都山一带度过幼年生活。15岁时,尧在唐县封山下受封为唐侯。20岁时,其兄帝挚为形势所逼让位于他,尧因此成为我国原始社

会末期的部落联盟长。尧践（特指皇帝登临皇位）帝位后，复封其兄挚于唐地为唐侯，他也在唐县伏城一带建立了第一个都城，后来由于水患逐渐西迁山西，定都平阳。唐尧在帝位70年，90岁禅让于舜，118岁时去世。

尧的品质和才智超凡绝伦，因此他即位以后，局面大变：举荐本族德才兼备的贤者，首先使族人能紧密团结，做到了九族和睦；考察百官的政绩，区分高下，奖善罚恶，使政务井然有序；同时注意协调各个邦族间的关系，教育百姓和睦相处，因而百姓安乐，天下安宁，政治清明，世风祥和。

传说在尧统治时代，首次制定了历法，这样一来，劳动人民就可以依时按节从事生产活动，不致耽误农时。汉民族是农业垦殖历史悠久的民族，对农时非常重视，因此《尚书·尧典》对此有详细记载。

《尧典》上说，尧命令羲氏、和氏根据日月星辰的运行情况制定历法，然后颁行天下，使农业生产有所依循，称为"敬授民时"，他派羲仲住在东方海滨叫旸谷的地方，观察日出的情况，以昼夜平分的那天作为春分，并参考鸟星的位置来校正；派羲叔住在叫明都的地方，观察太阳由北向南移动的情况，以白昼时间最长的那天为夏至，并参考火星的位置来校正；派和仲住在西方叫昧谷的地方，观察日落的情况，以昼夜平分的那天作为秋分，并参考虚星的位置来校正；派和叔住在北方叫幽都的地方，观察太阳由南向北移动的情况，

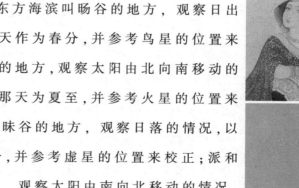

以白昼最短的那天作为冬至,并参考昴星的位置来校正。

二分、二至确定之后,尧决定以 366 日为一年,每三年置一闰月,用闰月调整历法和四季的关系,使每年的农时正确,不出差误。由此可知,古人将帝尧时代视为农耕文化出现飞跃进步的时代。

尧在位期间,又是传说中的洪水时期。"汤汤洪水方割,荡荡怀山襄陵,浩浩滔天",洪水泛滥,奔腾呼啸,危害百姓,民不安居。尧对此十分关切和焦灼。尧征询四岳(四方诸侯之长)的意见,问谁可以治理水患,四岳推荐了鲧。尧觉得鲧这个人靠不住,经常违抗命令,而且危害本族的利益,不适合承担这项重要的工作。但是四岳坚持要让鲧试一试。于是尧任命鲧去治理水患。鲧治水 9 年,毫无成绩。这是传说中尧在政治上的一次失误。总之,尧的时代并不是尽善尽美的,因此又有舜继起的一番励精图治。

尧为什么不让位给自己的儿子丹朱?

丹朱,尧的儿子。传说尧娶散宜氏之女,生下丹朱。丹朱受封于丹水。尧在位时,部落之间的战争频频不断,而且日趋激烈。尧曾对南方的三苗进行了讨伐。尧本在北方,但尧的儿子丹朱被封于丹水,属于南方的汉水流域。

帝尧生有十子,丹朱是他的嫡长子,出生时全身红彤彤的,因此取名为"朱"。朱自幼聪明,智慧极高,被传为历史上的围棋第一高手和世界围棋界的始祖。朱从小极受尧的宠

爱。但由于他个性刚烈，做事坚决有主见，缺乏和顺和政治智慧，因此被尧视为粗野，不学无术的"不肖乃翁"。

朱一开始被封于丹渊（丹水），所以又称他为丹朱，其封地在今天河南淅川县的丹水流域，淅川秦时为丹水县。对此，《尚书·逸篇》记载说："尧子不肖，舜使居丹渊为诸侯，故号曰丹朱"。

尧去世之后，舜即位，他改封丹朱为"房邑"侯，他的封地上因有上古女娲神庙"房"而得名"房邑"。据《路史·国名纪丁》记载：帝尧崩，有虞氏帝舜封丹朱于房，为房侯，"以奉其祀，服其服，礼乐加之，谓之虞宾，天子弗臣……"，由此可见，由于禅让之故，帝舜对丹朱及其家族不敢以臣下视之，对房人优礼有加。

另有传说称，当时正值帝尧的中原华夏酋邦国家发生危机、统治即将瓦解之际，以舜和益为首的东夷与其他氏族部落，蠢蠢欲动，打算篡夺尧的帝位。于是，东夷族的舜便在尧的面前诽谤丹朱，挑拨他们父子的关系。后来舜设法说动帝尧，将丹朱派到离尧较远的南边丹水流域做诸侯。有说是流放，因此《竹书》有"后稷放帝朱于丹水"的说法。

舜继尧执政以后，将尧囚禁了起来，为了不让丹朱知道事情真相，所以阻止丹朱看望尧，对此，《竹书》记载说："昔尧德衰，为舜所囚。舜囚尧，复偃塞丹朱，使不与父相见也"。丹朱知道以后，率三苗之兵攻伐舜，双方在丹浦展开大战。

由于丹朱的得力大将、巨人部落得首领夸父因"逐日"误入大泽而死，所以他失去了最重要的得力助手，而帝舜有以射箭闻名的后羿部落相助，所以丹朱最后战败。

丹朱战败之后，他的后裔向河南、湖南、河北、山东等地迁移。由于这次大战双方伤亡都很严重，后来丹朱就被描画成"凶神"或主管灾祸的"邪神"，甚至有一支后代被称为"狸姓"，每逢灾荒之年，朝廷都要请狸姓人出来代为祈祷消灾。

尧死之后，丹朱回到华夏部落去奔丧，由于舜的"谦让"，丹朱曾经称帝三年。然而大臣们全部跑到南河之南朝觐舜而不朝觐丹朱。于是，舜顺水推舟说"这是天意"，旋即顺应天意和人民的呼声重新登上了帝位。由于丹朱为三苗首领，并且曾经称帝三年，所以在南方的少数民族聚居地区地位崇高，被湖南、广东等地奉为衡山皇、丹朱皇。后来，舜把丹朱封到房地为诸侯。

丹朱死后，其子陵袭封，并以封地为姓，后世称"尧帝世孙，得邑为姓"。

传说中的舜有哪些重大功绩？

舜，姚姓，有虞氏，名重华，史称虞舜。传说舜是黄帝的八世孙，因生于姚地，以地取姓氏为姚。相传因四岳推举，尧命舜摄政。舜巡行四方，除去鲧、共工、饯兜和三苗等四人。尧去世以后，舜继位，他又咨询四岳，挑选贤人治理民事，并选

拔治水有功的禹为继承人。

相传舜的家世非常寒微。舜的遭遇更为不幸，父亲瞽（Gǔ）叟，是个盲人，母亲很早去世。瞽叟续娶，继母生下一个弟弟名叫象。舜从小就生活在"父顽、母嚚、象傲"的家庭环境里，父亲心术不正，继母两面三刀，弟弟桀骜不驯，他们三个人串通一气，总想置舜于死地而后快。然而舜对父母不失子道，非常孝顺，对弟弟非常友善，多年如一日，没有丝毫懈怠。舜在家人要加害他的时候，会及时逃避；稍有好转时，他就马上回到他们身边，尽可能给予他们力所能及的帮助。身世如此不幸，环境如此恶劣，舜却能表现出如此非凡的品德，处理好家庭关系，真是难能可贵。

舜家境清贫，所以必须从事各种体力劳动。他在历山（济南南郊的千佛山，古称历山，又称舜山、舜耕山）耕耘种植，在雷泽（在今山东荷泽东北）打渔，在黄河岸边制作陶器，为了生计颠沛流离，为了养家糊口四处奔波。

相传舜在 20 岁的时候，名气就已经很大了，他是以孝行而闻名的。因为他能对虐待、迫害他的父母坚守孝道，因此在青年时代就为人们所称颂。过了 10 年，尧向四岳（四方诸侯之长）征询继任人选，于是四岳就推荐了舜。尧将两个女儿嫁给舜，用以考察他的品行和能力。舜不仅使二女与全家和睦相处，而且在各方面都表现出卓越的才能和高尚的人格魅力。只要是他劳作过的地方，便会兴起礼让的风尚；他制

作陶器，也能带动周围的人认真从事，精益求精，杜绝粗制滥造的现象。总之，不管他到了哪里，人们都愿意追随他。尧得知这些情况后非常满意，赐予舜絺衣（细葛布衣）、琴和很多牛羊，还为他修筑了仓房。

舜得到了这些赏赐，瞽叟和象都很眼红，他们想杀死舜，霸占这些财物。于是瞽叟让舜修补仓房的屋顶，他就在下面纵火焚烧仓房。舜靠两只斗笠作翼，从房上跳下，幸免于难。后来瞽叟又让舜掘井，等到井挖得很深了，瞽叟和象就在上面填土，打算把井堵上，将舜活埋在里面。幸亏舜事先有所警觉，在井筒旁边挖了一条通道，从通道穿出，躲了一段时间。瞽叟和象误以为阴谋得逞，象说这主意是他想出来的，

分东西时要琴，还要尧的两个女儿给他做妻子，他把牛羊和仓房分给父母。象住进了舜的房子，弹奏舜的琴。舜听见后去见他，象大吃一惊，嘴里却说："我正在思念你啊！"舜也不放在心上，仍然一如既往地孝顺父母，友爱兄弟，而且比以前更加诚恳谨慎。

后来尧让舜参与政事，管理百官，接待宾客，经受各种磨炼。舜不仅将政事处理得井井有条，而且在用人方面也有所改进。尧未能起用的"八元"、"八恺"，早有贤名，舜让"八元"管理土地，让"八恺"管理教化；还有"四凶族"，即帝鸿氏的不才子浑敦、少皞（hào）氏的不才子穷奇，颛顼氏的不才子梼杌（táo wù）、缙（jìn）云氏的不才子饕餮（tāo tiè），尽

管他们恶名昭彰，但尧却未能将他们处置，舜将"四凶族"流放到边远荒蛮之地。这些措施的落实，显示出舜的治国方略和政治才干。

经过多方面的考验，舜终于获得了尧的认可。于是尧选择吉日，举行大典，禅位于舜。舜执政以后，传说采取了一系列的重大政治行动，呈现出一派励精图治的气象。他重新修订了历法，又举行了祭祀上帝、祭祀天地四时，祭祀山川群神的大典；还把诸侯的信圭（古代玉圭一种，为六瑞之一）收集起来，再择定吉日，召见各地诸侯君长，举行隆重的典礼，重新颁发信圭。他即位的当年，就到各处巡守，祭祀名山，召见诸侯，考察民情；还规定以后五年巡守一次，以考察诸侯的政绩，明定赏罚，可见舜非常注重与地方的联系，从而加强了对地方的统治。

在传说里，舜的治国方略还有一项是"象以典刑，流宥五刑"，在器物上画出五种刑罚的形状，用来起到警戒的作用；用流放的办法代替肉刑，以示宽大。但又设鞭刑、扑刑、赎刑，特别是对不肯悔改的罪犯要严加惩治。舜将共工流放到幽州，把欢兜流放到崇山，把三苗驱逐到三危，把治水无功的鲧流放到羽山，使坏人受到惩处，从而使天下万民心悦诚服。

按照《史记》的记载，舜摄政 28 年，尧才去世。舜在三年的丧事完毕之后，便让位给尧的儿子丹朱，自己则退避到南

河之南。但是，天下诸侯都去朝见舜，却不理会丹朱；打官司的人也都告状到舜那里，民间还编了很多歌谣颂扬舜的功德无量，却不把丹朱放在眼里。舜也觉得自己是人心所向，众望所归，所以只好重新回到都城登上天子之位。不过，传说中舜的都城与尧的都城不在同一个地方。据唐代孔颖达《毛诗正义》引皇甫谧所说："舜所营都，或云蒲坂。"蒲坂在唐代是河东县，即今山西永济县。

尧去世以后，舜在政治上又有一番大的兴革。原先已举用的禹、皋陶、契、弃、伯夷、夔、龙、垂、益等人，职责都不明确，此时舜命禹担任司空，负责治理水土；命弃担任后稷，负责掌管农业；命契担任司徒，负责推行教化；命皋陶担任"士"，负责执掌刑法；命垂担任"共工"，负责掌管百工；命益担任"虞"，负责掌管山林；命伯夷担任"秩宗"，负责主持礼仪；命夔为乐官，负责掌管音乐和教育；命龙担任"纳言"，负责发布命令，收集意见。舜还规定三年考察一次政绩，由三次的考察结果决定提升抑或罢免。通过这样的整顿和改革，各项工作都出现了崭新的面貌，百官各司其职、恪尽职守，都建树了辉煌的业绩，而其中禹的成就最大，他尽心治理水患，身先士卒，凿山通泽，疏导河流，终于治服了水患，使天下百姓安居乐业。因此在舜统治时期，天下呈现出一派前所未有的清平局面。

舜在年老的时候，认为自己的儿子商均不肖，于是确定

了威望最高的禹为继任者,并由禹来摄行政事。因此舜与尧一样,都是禅位让贤的圣王。

关于娥皇、女英都有哪些传说？

娥皇、女英,也被并称为"皇英",传说是尧的两个女儿,长女娥皇,次女女英,姐妹二人同嫁帝舜为妻。舜的父亲狠毒,母亲跋扈,弟弟顽劣,他们三人曾多次想置舜于死地,舜都因为娥皇、女英的帮助而脱险。舜继尧位之后,娥皇、女英都成为他的妃子,后来舜到南方巡视,死于苍梧。二妃前去找寻,泪染青竹,竹上生斑,故而称作"潇湘竹"或"湘妃竹"。二妃也双双死于湘江之间。自秦汉时起,湘江之神湘君与湘夫人的爱情神话,被演变成舜与娥皇、女英的传说。因此后世把娥皇、女英也附会称为"湘夫人"。

传说娥皇和女英都十分聪明美丽,是上古时期部落酋长尧帝的两个女儿。尧帝在晚年的时候,想物色一个满意的继承人。他看到舜是个德才兼备的大贤人,于是,就把帝位传给了舜,并把娥皇和女英嫁给他做妻子。

据说帝尧是为了对舜的德行品质进行考察,所以才派了自己的两个宝贝女儿嫁给他,到他身边做"卧底"。

舜的家庭关系比较复杂。他的父亲瞽叟是个瞎子,人也糊涂。舜的亲娘死得早,老父亲瞽叟给他娶了一个后母,生了两个同父异母的孩子,弟弟叫象,妹妹名敤手(敤,音 Kě,民间传说手特别巧)。可想而知,在这样的家庭里,做个好儿

媳妇是一个很有挑战性的工作。好在这两位美女都很贤惠，从来不因出身高贵而耍性子、添乱子，对舜一家子老小始终侍候得很周到。因此，《史记》里夸她俩"甚有妇道"。

然而，舜的后母却事事容不得舜，而且总想把他害死，好把家产全夺过来给她的亲儿子象。有一年，由于舜的政绩突出，帝尧很高兴，便赐给他一些奖赏。其中有细葛布衣和一把琴，另外还帮他建了个仓廪，还有一些牛羊。不料这些看似普通的礼物，竟让舜的后母动了杀心。更要命的是，舜的老父亲不知被什么蒙蔽了心智，竟然也参与了这场"家庭阴谋"活动。作为儿媳，娥皇、女英却只能看在眼里，急在心上。因为如果她俩给舜打"小报告"，吹"枕边风"，便会有破坏"和谐家庭"之嫌。而且，身为未来的"国母"，她们的一举一动，都关系到"母仪天下"的示范教化意义。因此，她们对于"家庭内部矛盾"，采取了小心谨慎的处理办法，即暗地里多加防备，以保护丈夫的安全。

一次，瞽叟要舜上房顶用泥土修补谷仓。在干活之前，舜先"请示"了两位夫人。娥皇、女英让他一定要带上两个斗笠。于是舜便带着两顶斗笠，爬上房顶干活。他刚一上去，瞽叟和象就立即抽走梯子，放火烧房子。这时，两个斗笠就派上了用场，舜一手拿着一个，像长了翅膀一样从房上飞下来，毫发无损。

还有一次，瞽叟叫舜去挖井，等舜刚下到深处时，瞽叟和

象就急急忙忙地取土填井，想把他给活埋了。幸运的是，娥皇、女英早有防备，她们提前让舜在水井的侧壁凿出一条暗道，舜便从这条暗道逃过了一劫。

当时，填完井以后，象以为舜必死无疑，于是立马邀功，说："这主意可是我出的。"然后他又慷慨地说道："舜的两位老婆还有尧赐给他的琴都要归我，牛羊和谷仓就归父母吧。"

当象迫不及待地跑到舜的屋子里玩弄舜的琴时，舜从外面走了进来。象又惊又怕，也很尴尬，随即摆出一副闷闷不乐的样子，恬不知耻地说道："我正想念你呢，想得我好心闷啊！"舜说："是啊，你可真是我的好兄弟啊！"史书上说，经历过这些"家庭暴力"的洗礼，舜依然宅心仁厚，一如既往地侍奉父母，友爱兄弟，而且更加恭谨。

所有这一切，都说明舜是个很明事理的人，而他的两位夫人，能把这样一本难念的"家经"念得如此娴熟，可见二人的智慧和胸襟。娥皇、女英用智慧和宽容，不仅成全了舜的名声，而且巧妙地化解了家庭危机。难怪后世在《列女传》里将她们二人列入"母仪传"的第一位，称"二妃德纯而行笃"。

娥皇、女英二女嫁舜之后，究竟谁为正宫，谁为妃子，尧和夫人为此争论不休。最后他们商量决定了一个办法，据说当时舜王要迁往蒲坂，于是尧命二女同时由平阳向蒲坂出发，哪个先到哪个就为正宫，哪个后到，哪个就为偏妃。娥

皇、女英听了尧的话，各自准备向蒲坂进发。娥皇个朴实的姑娘，便跨了一头大马飞奔前进，而女英讲究排场，她乘车前往，并选由骡子驾车，以示气派不凡。然而当时正值炎夏季节，牲口浑身淌汗，路过西杨村北时，正好有一条溪水，于是二女打算休息片刻，让牲口饮水解渴，以便继续赶路。在行进途中，不料女英驾车的母骡，突然要临盆生驹，因此她不得不将车停下。这时娥皇已经乘马飞驰在前，而女英受了骡子生驹的影响，落了个望尘莫及。正宫娘娘的位置最后被娥皇夺取。女英气愤不过，斥责骡子今后不准生驹。因此，传说骡子不受孕，不生驹，都是女英封下的。

后来，舜果然没有辜负尧的信任，他让禹治理洪水，使人民过上了安定的生活，娥皇、女英也鼎力协助舜为百姓做好事。舜帝晚年时，九嶷山（嶷，音 yí，在湖南省，相传是舜安葬的地方）一带发生了叛乱，舜想到那里视察一下实情。于是舜把这个想法告诉娥皇、女英，两位夫人想到舜年老体衰，便争着要和舜一块去。舜考虑到山高林密，道路崎岖，所以拒绝了她们的请求，只带了几个随从，悄悄地离去了。

娥皇、女英得知消息以后，立即起程追赶。追到扬子江畔，突然刮起了大风，一位渔夫把她们送上洞庭山。后来，她俩得知舜帝去世的消息，埋在九嶷山下，便天天扶竹向九嶷山方向泣望，她们的眼泪，挥洒在竹子上，竹子便挂上了斑斑的泪痕，变成了现在南方的"斑竹"。舜死后，娥皇、女英痛

不欲生，双双跳入波涛滚滚的湘江，化为湘江女神，世人称她们为湘君（娥皇）、湘妃（女英）或湘夫人。

"嫦娥奔月"是怎样一个神话传说？

嫦娥，本名姮娥，因西汉时为避汉文帝刘恒的讳而改称嫦娥，是中国神话人物、后羿之妻。神话中因偷食后羿自西王母处所盗得的不死药而奔月。在民间，有很多关于她的传说。在道教中，嫦娥为月神，又叫太阴星君，道教以月为阴之精，尊称为月宫黄华素曜元精圣后太阴元君，或称月宫太阴皇君孝道明王。

据史料记载，大羿统一了东夷各部落方国，组建了一个强大的国家。由于该国主要由众多崇拜太阳的部落方国所组成，因此在《山海经》中被称为"十日国"。

嫦娥奔月的故事出自汉代的《淮南子·外八篇》：很久很久以前，大羿到山中狩猎的时候，在一棵月桂树下邂逅嫦娥，二人便以月桂树为媒，结为夫妇。

到了帝尧时代，天上出现了十个太阳，烤焦了庄稼，烤死了草木，百姓们没有水喝，没有食物吃。不仅如此，猰貐、凿齿、九婴、大风、封豨希、修蛇等妖魔鬼怪也开始出来危害百姓。于是帝尧命令大羿将凿齿处死在畴华之野，将九婴诛杀于凶水之上，将大风战败于青邱之泽，射掉天上多余的太阳，杀死猰貐，将修蛇斩杀于洞庭，在桑林抓住封豨希。万民欢喜，拥戴尧为天子。

后来，大羿从西王母那里得到了不死神药，并交由妻子嫦娥保管。逢蒙听说后前去偷窃，偷窃失败后，逢蒙想要加害嫦娥。情急之下，嫦娥吞下不死药飞到了天上。但由于不忍心离开大羿，嫦娥便滞留在月亮广寒宫。广寒宫里寂寥难耐，于是嫦娥催促吴刚砍伐桂树，让玉兔捣药，想配成飞升之药，好早日回到人间与大羿团聚。

大羿听说娥奔月之后，悲痛欲绝。月母为二人的真诚所感动，于是允许嫦娥每年在月圆之日下界与大羿在月桂树下相会。

大羿和他的妻子姮娥死后就葬在山东省日照市日照汤谷太阳文化源旅游风景区内的天台山上。当地人称之为大羿陵。姮娥墓就陪伴在大羿墓的旁边。传说大羿和姮娥开创了一夫一妻制的先河，后人为了纪念他们，所以演绎出了嫦娥飞天的故事。

不过后人经常混淆大羿和后羿的区别，大羿是帝尧时代的人物，是嫦娥的丈夫，而后羿是夏启之后的人物。

什么是禅让？

所谓禅让，是指古代帝王让位给别人，如尧让位给舜，舜让位给禹。

禅让是中国原始社会末期推选部落首领的一种制度。相传尧年老的时候，举行部落联盟议事会，各部落领袖都推举舜为继承人。尧便对舜进行了为期3年考核，最后认为他可

以胜任,这才让舜摄位行政。尧死后,舜继任为首领。舜继位以后,也采用同样的方式选拔首领。经过治水考验,禹在舜死后继任成为首领。禹继位以后,也先后用同样的方式选拔了皋陶、伯益为继承人。这种经过民主方式推选首领的方法,反映了中国原始社会末期的军事民主制传统。禹死后,他的儿子启以父传子的方式继承了王位,并为以后历代所沿用,从此"家天下"世袭制取代禅让制,禅让制遂废。

传说黄帝以后,在黄河流域的部落联盟出观了尧、舜、禹三个著名的首领。关于他们"禅让"的故事,古书有很多记载。

尧,号陶唐氏,是帝喾的儿子、黄帝的五世孙,居住在西部平阳(今山西省-临汾县一带)。尧当上部落联盟首领之后,和大家一样住茅草屋,吃糙米饭,煮野菜作汤,夏天披着粗麻衣,冬天只加块鹿皮御寒,衣服、鞋子不到破烂不堪绝不更换。因此老百姓都非常拥护他,爱他如同爱"父母日月"一般。

尧在位 70 年后,年纪老了。他的儿子丹朱很粗野,喜欢惹是生非。有人推荐丹朱继位,尧认为他难当大任,所以没有同意。后来尧又召开部落联盟议事会议,讨论继承人的人选问题。大家都推举虞舜,说他是个德才兼备、踏实能干的人。尧很高兴,把自己的两个女儿娥皇、女英嫁给舜,并考验了三年才将帝位禅让给舜。

　　舜，号有虞氏，传说是颛顼的七世孙，距黄帝九世，生于诸冯（在今山东省境内）。舜继位后，亲自耕田、打渔、制陶，深受百姓拥护和爱戴。他通过部落联盟会议，让八元掌管土地，八恺掌管教化，契掌管民事，益掌管山林川泽，伯夷掌管祭祀，皋陶制作刑律，完善了社会管理制度。他同样仿效尧的样子召开继位人选会议，民主讨论继承人问题。由于大禹治水功高德显，大家便推举禹来做继承人。舜到晚年身体不好，但依然到南方各地去巡视，后病死在苍梧（今湖南境内）的途中。舜死后，禹继任部落联盟首领。

　　尧舜"禅让"的历史传说，反映了原始公社的民主制度。

著名人物篇

禹为什么被后世尊称为"大禹"?

禹,姓姒,名文命,号禹,传说为帝颛顼的曾孙,黄帝轩辕氏第六代玄孙。禹的父亲名鲧,母亲为有莘氏女修己。由于禹治水立了大功,所以被后世尊称为"大禹",即伟大的禹的意思。禹的父亲治水不成而被杀,禹接替治水的工作,采取疏导的方法,经过十三年的努力,终于成功。后来禹继承舜帝位,称国号"夏",故又被称为"夏禹"。禹在涂山大会诸侯,建立了奴隶制国家的雏形,禹铸造九鼎,象征九州。禹总共在位45年死,死后葬于会稽山。

尧在位时,中原洪水为患,百姓为此愁苦不堪。鲧受命治理水患,用了九年时间,洪水未平。舜巡视天下,发现鲧用堵截的方法治水,结果毫无成绩,最后在羽山将他处死。舜命鲧的儿子禹继续治理洪水。禹接受任务以后,立即与益和后稷一起,召集百姓前来协助。他视察河道,并考察总结鲧失败的原因,最后决定改变治水方法,变堵截为疏导,亲自翻山越岭,淌河过川,拿着工具,从西到东,一路测度地形的高低,树立标杆,规划水道。他带领治水的民工,走遍各地,根据标杆,逢山开山,遇洼筑堤,以疏通水道,引洪水入海。禹为了治水,殚精竭力,不辞辛劳,废寝忘食。他与涂山氏的女儿女娇新婚不久,就离开了妻子,重新踏上了治水的道路。后来,他路过家门口,听到妻子生产,儿子呱呱坠地的声音,都咬着牙没进家门。后来再次经过的时候,他的儿子启正抱

在母亲怀里，他已经知道叫爸爸了，挥动小手，亲切地与禹打招呼，禹只是向妻儿挥了挥手，表示自己看到他们了，还是没有停下来到家里看看。禹屡过家门而不入，正是他劳心劳力治水的最好见证。

禹也非常关心百姓的疾苦。有一次，他看见一个人穷得把孩子卖了，禹就把孩子赎了回来。他看到有的百姓没有吃的，就让后稷把仅有的粮食分给百姓。禹总是穿着破烂的衣服，吃粗劣的食物，住简陋的席篷，每天亲自手持耒锸，带头干最苦最脏的活。数年下来，他的腿上和胳膊上的汗毛都脱光了，手掌和脚掌结了厚厚的老茧，躯体干枯，脸庞黝黑。经过十三年的努力，禹带领民众开辟了无数的山脉，疏通了无数的河流，修筑了无数的堤坝，使天下的河川都流向大海，终于获得了治水的成功。

大禹治水是与治国养民结合进行的。在治理水害的同时，他还指导人们恢复和发展农业生产，大兴水上运输，重建家园。每治理一个地方，他都会主动团结氏族部落酋长，完善政权建设，使百姓安居乐业。史书记载，洪水退去之后，一块块平原露出水面，他带领人们在田间修起条条沟渠，引水灌溉，种植粟、黍、豆、麻等农作物，还让人们在地势低洼的地方种植水稻。这样一来，不仅治理水患获得了巨大成功，农业生产也取得了显著进步。孔子曾颂扬禹治水的功德说："我简直找不到他的一点缺点，他的宫室简陋却没有想

到改善,而是尽全力平治水土,开沟洫,发展农耕,鼓励人民从事劳动。"

在治水的过程中,禹走遍天下,对各地的地形、习俗、物产等都了如指掌。禹重新将天下规划为九个州（即冀州、兖州、青州、徐州、扬州、荆州、豫州、梁州、雍州）,并制定了各州的贡物品种。禹还规定:天子帝畿以外五百里的地区叫甸服,再外五百里叫侯服,再外五百里叫绥服,再外五百里叫要服,最外五百里叫荒服。甸、侯、绥三服,进纳不同的物品或负担不同的劳务。要服,不纳物服役,只需要接受管教、遵守法制政令。荒服,则根据其习俗进行管理,不强制推行中朝政教。

由于大禹治水成功,舜在隆重的祭祀仪式上,将一块黑色的玉圭赐给禹,以表彰他的功绩。不久,舜又封禹为伯,以夏(今河南万县)为其封国。禹在天下的威望达到顶点。天下万民都称颂说:"如果没有禹,我们早就变成鱼和鳖了。"舜也称赞禹说:"禹啊禹!你是我的胳膊、大腿、耳朵和眼睛。我想为民造福,你辅佐我。我想观天象,知日月星辰、作文绣服饰,你谏明我。我想听六律五声八音来治乱,宣扬五德,你帮助我。你从来不当面阿谀背后诽谤我。你用自己的真诚、德行和榜样,使朝中清正无邪。你发扬了我的圣德,功劳太大了!"

舜在位 33 年时,正式将禹推荐给上天,把天子之位禅让

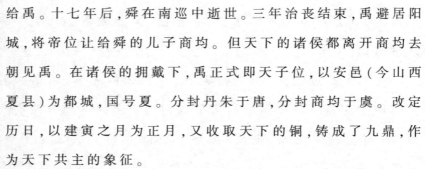

给禹。十七年后，舜在南巡中逝世。三年治丧结束，禹避居阳城，将帝位让给舜的儿子商均。但天下的诸侯都离开商均去朝见禹。在诸侯的拥戴下，禹正式即天子位，以安邑（今山西夏县）为都城，国号夏。分封丹朱于唐，分封商均于虞。改定历日，以建寅之月为正月，又收取天下的铜，铸成了九鼎，作为天下共主的象征。

禹当了天子之后更加勤奋地为百姓谋利，诚恳地招揽贤士，广泛地听取民众意见。有一次，他出门看见一个罪人，竟下车问候并哭了起来。随从说："罪人干了坏事，您何必可怜他呢？"禹说："尧舜的时候，人们都和尧舜同心同德。现在我当天子，人心却各不相同，我怎么能不痛心呢？"仪狄造了些酒，禹喝了以后觉得味道很醇美，就给仪狄下命令，要他停止造酒，说："后代一定会有因为酒而亡国的。"

禹继帝位后不久，就推举皋陶做继承人，并让他全权处理政务。在皋陶不幸逝世以后又推举伯益为继承人，负责政务。

禹在位第十年南巡。过江时，一条黄龙游来，拱起大船，船上的人都很害怕。禹仰天叹息道："我受命于天。活着靠上天的佐助，死了要回到天上去。你们何必为这一条龙担忧？"龙听到禹这席话，摇摇尾巴，低下头就不见了。后来禹到达涂山，在那里大会天下诸侯，献上玉帛前来朝见的诸侯竟达万名之众。

禹接位以后，中原各部落逐步形成以夏族为中心的领导集团。禹在这个集团中的地位已经初具王权性质。他让治水时专司刑罚的皋陶制定了一些规定，各氏族部落若有不听号令者，就以刑罚来惩治。禹在位期间，还对不听教化、多次叛乱的苗族进行了征伐，打败了苗军，打死了三苗酋长，势力范围达到江淮流域。

禹在巩固夏王朝统治的过程中，还特别重视恩威并济，加强教化。传说西部有个部族叫有扈氏，好战而不愿臣服于夏。于是禹采取一边用兵征服，一边用德政教化的策略，收到了很好的效果，最终使有扈氏臣服。东南地区古称"九夷"，即九个较大的部落。禹为加强对该地区的统治，几次出巡那里，传播中原文化和礼教，受到当地百姓尊敬和礼遇。他沿途向当地人询问习俗，鼓励农耕，告其农时，播种五谷，教育部族酋长们讲礼仪，知法度，不恃强凌弱，和睦相处。同时还宣布，如果有不听教化者，要以兵征讨，决不客气。当时，古越部落酋长防风氏，总想独霸一方，自称越人各部落之长，不听禹的命令。禹在苗山大会上当众命令将他处死，并曝尸三日。各地诸侯、方伯深知夏王朝的威力和禹的神圣，于是再也不敢冒犯禹王。那些没有参加朝见禹王的氏族部落听说此事，也纷纷向夏王朝进贡称臣。

由于禹是活动在崇山一带的夏部落的首领，故被称为夏后氏，他所建立的中国历史上的第一个王朝就被称为夏朝。

夏王朝的建立，标志着中国原始社会的瓦解、阶级社会的开始，是中国古代社会发展史上的一个重要里程碑。

禹在位 15 年后逝世，葬于会稽（今浙江绍兴），终 100 岁。

夏启的主要历史功绩是什么？

启，姓姒名启，史称夏启，生卒年不详，大禹的儿子。大禹病死后，启即位为天子，成为中国历史上由"禅让制"变为"世袭制"的第一人。即位之后，启击败有扈氏的反抗，巩固了政权，建立了中国历史上第一个奴隶制国家。禹在位 9 年，病死，葬于安邑附近（今山西省夏县西池下村里）。

舜晚年之际，禹完成了治水的大业，于是他让禹接替了他的职位，然后带着妻子，到外地出游去了。因为按照当时的习惯，老首领让贤以后，为了让新首领行使权力，使民众的心逐步转移到新首领身上，从而使他早日树立威信，老首领都要离开都城，去过普通人的生活。

舜虽然让位了，但人民由于他的政德，依然十分惦念他。在他 100 岁的时候，到南方巡游，突然患病，死在了苍梧山（今湖南宁远县南），噩耗传来，举国臣民皆悲痛不已。

大禹听到噩耗，更是悲痛欲绝。他亲自率领众位大臣，以隆重的礼仪，为舜建造了陵墓，并在苍梧山修庙祭祖，这就是迄今尚存的零陵和舜庙（今湖南宁远县）。

大禹在殡葬了舜之后，带娥皇、女英二妃返回都城。二妃

痛不欲生,当船过湘水时,竟然双双投江而死。百姓们因不忍说她们死了,于是说她们变成了湘水神,因此称作湘妃。

大禹品德高尚,治水有功,深受万民拥戴。舜去世后,大禹正式成为部落联盟的领袖,这就是夏朝的开始。夏朝是我国历史上第一个朝代,大禹因此成为中国历史上第一个国君。

大禹虽然成了万民至尊,但他并没有忘记肩上的重任,依然心系天下百姓。大禹尽管身居高位,却从不贪图享乐。为了治理天下,他还经常外出巡游,视察民情。

大禹在巡视期间,看到大多数部落首领对他毕恭毕敬,然而也有些部落首领并不把他这个领袖放在眼里。于是他下令各部落把所有的铜贡献出来,用这些铜铸成了九个大鼎,象征九州。每个鼎上铸着各州的地理出产、珍禽异兽,然后将九鼎运至宫中,作为镇国之宝。各部落首领定期向禹王进贡时,都要向九鼎致礼。拥有九鼎的禹王,因此也就成了九州大地的主人。夏禹从此在部落联盟中拥有无上的权力,九鼎的铸成,标志着他这权力的强化和神圣化。

禹晚年有一次在茅山(今浙江绍兴)召集各部落首领,打算借商议大事之名再显示一下威风,以巩固他对各部落的统治。无巧不成书,这次大会刚一开始,就给了禹一个树立权威的机会。离茅山不远的地方有一个叫防风氏的部落,这个防风氏对禹的权力并不尊重,因此开会时,他故意很晚才

来。禹为此勃然大怒，下令处死了防风氏。其余各部落首领见大禹王如此威严，吓得一个个俯首贴耳，唯禹王之命是从。

禹王去世前几年，打算效仿尧舜，找一个贤能的人来接替自己。最初，人们推举在帝舜时就掌管刑法的皋陶，可惜没等到接任，皋陶就病死了。后来经过再次商议，人们又一致推举伯益做禹的继承人。

伯益曾经是大禹治水的一名主要助手，发明过一种凿井的新方法。他擅长畜牧和狩猎，还教会人们用火烧的方法来驱赶林中的野兽。因此在人们的心目中，他是仅次于大禹的一位英雄。

然而随着王位的日益巩固，夏禹越来越觉得自己好不容易得来的王权应该由自己的儿子来继承。但是伯益功劳卓著，威望极高，而大部分人在首领会议上都推举他做自己的继承人。因此大禹王感到众怒难犯，只好顺水推舟，答应下来。为了这件事，禹王越来越烦躁，寝食难安。后来他想到："自己之所以能顺利地继承舜位，一是当年治水有功得到了人们的尊敬和爱戴，二是舜选定自己做继承人之后，就让自己行使治理天下的大权。如果我也效法当年舜的做法，将治理天下的大权让启去执行，而只给伯益一个继承人的名义呢？"想到此，禹王决定让启参与治理国事。

数年之后，由于禹的儿子启把国事处理得很好，在人们

心目中的地位也逐渐高了起来，而伯益做为继承人，却没有什么显著的政绩。禹死后，他的儿子启开始真正行使王权。而大部分部族的首领，也纷纷表示愿意效忠于启。

伯益看到事情竟然到了这种地步，忍不住大怒。他本是东夷人，他召集东夷部族率军向启进攻。而启对此早有防备，经过一场激战，他打败了伯益的军队。夏启为了庆祝胜利，在钧台（今河南禹州）举行了一次空前规模的宴会，公开宣布自己是夏朝的第二代国君。从此，父亡子继的家天下世袭制便取代了任人唯贤的禅让制。

尽管启击败了伯益，但仍然有很多部族对他改变禅让传统的做法表示强烈的不满和反对。有一个部族首领叫做有扈氏，率先站出来反对夏启的做法，他要求启按照部落会议的决定，还位于伯益。夏启为了立威，发兵攻伐有扈氏，结果被有扈氏打败。为了赢得民心，启便严于律己，过着粗茶淡饭的简朴生活；还尊老爱幼，选贤与能，然后在人民的支持下，他再次出兵讨伐有扈氏，和有扈氏在甘泽地方（今陕西户县一带）发生了战斗。两军对垒，大战开始前，夏启激励将士们说："我要告诉大家，这个有扈氏对天帝不敬，王命不遵，是上天借我的手来消灭他，因此你们要服从我的命令，奋力出击，绝不可懈怠！"夏启训话完毕，将士们士气大增，纷纷挥舞刀枪，呐喊着冲向有扈氏的军队。经过一场激战，有扈氏最终被打败。从此，夏启的王位终于稳固了，父死子继的家

天下世袭制正式开始了。

王位得到巩固之后，启又一反以往的作风，生活变得腐化起来，整日饮酒作乐，歌舞游猎。传说他曾创作了名为《九韶》的大型乐舞。

启在晚年的时候，他的几个儿子为了王位继承权的问题发生了激烈的争夺。小儿子武观（一说为幼弟）因为争得最凶，结果被启流放到黄河西岸（今陕西义带）。武观聚众反叛，启派大将彭伯寿带兵将他击败，并押来见启。武观只好认罪服输。不久，启因为荒淫过度而病死。

夏启实行王位世袭制，说明那时原始社会的氏族公社制度已经彻底瓦解，天下为公已经转变为"天下为私"，国家的雏形已初步确立，中国从原始社会跨入了奴隶制社会，这是人类历史上一次划时代的进步。因为在原始社会，低下的生产力水平使人们的生活异常艰难。而到了奴隶社会，农业和手工业有了分工，社会生产力得到了极大提高，人们的生活也随之得到了很大改善，同时也为文化的繁荣创造了条件。

太康为什么会失国？

太康，生卒年不详，夏启的长子。启病死后继位。实际上只在位两年（名义上在位29年），由于太康不理民事，在去洛水北岸游猎时，为后羿夺去国政，史称"太康失国"。后病死，葬于阳夏（今河南省太康县西）。

太康自幼就跟着父亲启享乐，即位后生活更加奢侈腐

化，只顾饮酒游猎，将政事完全抛诸脑后。

有一次，太康带着家属、亲信去洛水北岸游猎。一去3个多月都不回来，弄得百事废弛，民怨沸腾。东夷族有穷氏（在今山东省德州市北）部落首领后羿乘机起兵，夺取了夏的都城安邑。太康带着猎物兴高采烈地回返都城，在走到洛水岸边时，看到对岸有重兵把守，便慌忙派人过河打探，这才知道是后羿夺占了都城。其余各部落首领由于都不满意太康的荒唐无道，而且又惧怕后羿的实力，所以谁也不愿帮助太康。太康后悔不及，只好在阳夏筑了一座土城居住下来。这就是夏朝历史上著名的"太康失国"。

太康的五个弟弟见兄长不能回都，就陪着母亲来到洛水南岸苦苦盼候，然而始终没能等到。五兄弟为此作了一首歌来追念他们的祖父禹的功绩和品德，倾诉眼前的凄凉悲哀之情。这首歌就是《尚书》中著名的《五子之歌》。歌词的大意是："我们的祖先大禹曾经训导子孙说，百姓是国家的根本，只有根本稳固了，国家才能安宁。君主应该勤于政事，用心治理好国家，倘若贪酒色、好游猎，抑或大兴土木，建造亭台宫室，那么，只要有其中的一件，就会失去民心，导致亡国。缅怀我们的祖先大禹大世时，他身为万邦之君，将天下治理得井井有条，使百姓安居乐业，他是一位多么贤明的君主啊！今天，太康不遵祖训，荒废政事，弄得百姓们都仇视我们，使祖先创建的王朝被人颠覆，陷我们于凄苦的境地。太

康啊！你铸下了大错，我们心中是多么痛苦啊！"

27年之后，太康病死于阳夏。

仲康为何复国失败？

仲康，姓姒，名仲康，又作中康。夏王朝的第四任王，他的祖父是夏王朝首任王姒禹，他是二任王姒启的第四个儿子，三任王姒太康是他的哥哥。仲康约生于虞舜三十九年（壬申，前2089年），卒年不详。后羿废黜太康之后，立仲康为王。仲康名义上在位13年，实际上仍由后羿专政。仲康不甘心作傀儡，一心想夺回大权，曾派大司马胤侯去征伐后羿的党羽义和，试图削弱后羿的实力。终因实力过于薄弱，被后羿软禁，无力恢复夏的天下。仲康为此郁郁成疾而终。葬于安邑附近。

太康四年（公元前2048年），有穷国国君后羿听说夏王姒太康前往洛水以南打猎，认为这是袭击夏王朝的最好时机，于是亲率军队以闪电战的方式攻破夏都斟寻，自立为王。但不久迫于诸侯的压力，后羿只好把帝位让给夏王族的后人。当时姒启的六个儿子都还健在，该让谁来出任新一任夏王呢？老二元康和老三伯康都不学无术，而且头脑愚笨，除了吃喝玩乐，别的什么都不会，根本不能为王。只有老四仲康身体强壮，颇有志向，而且觊觎王位已久。仲康暗中秘密活动，鼓动几位老臣出面，推举他为新王。有穷国君后羿虽然同意让位，但他有一个条件，即夏王朝不但要免除有穷国的赋税,而且每年还要向有穷国提供双倍的赋税。姒仲康是个没有政治远见的庸人,为了尽快坐上王位,便毫不犹豫地答应了。这样,有穷国君后羿便让出了王位,率领有穷军队携带着在夏都搜刮的大量财物返回了穷石。

随后,姒仲康正式即位称王,号仲康,改甲寅年为仲康元年。

姒仲康即位以后,立即派人前往阳夏(今河南周口地区太康县)迎请太康回国,并声称愿意将王位还给太康。太康认为这是弟弟仲康对他的羞辱,坚决不肯回国。仲康心中暗暗高兴,因为他内心并不希望太康回来,这下正好满足了他的心愿。于是他派军队护送太康的妃子和儿女前往阳夏与太康团聚。

有穷国的入侵给姒仲康上了一堂很好的政治一课,使他认识到一个国家若想保住政权,就必须拥有一支强大的军队。仲康元年,姒仲康任命胤侯为大司马,掌管六师,并且命胤侯在全国范围内征青壮年入伍,有计划地进行军事训练,以提高作战能力。

仲康五年(戊午,公元前 2043 年)秋九月庚戌日(12 月 6 日),夏朝国都发生了日全食,白天犹如黑夜一般,很多臣民为此惶恐不安。于是有人上奏姒仲康,说主管天文的羲氏与主管历法的和氏终日沉湎于饮酒作乐,玩忽职守,致使酒后误事,废时乱日,从而造成了时间混乱,给人类社会带来了

灾难。妣仲康闻奏大怒，立即命令胤侯带兵去逮捕他们。然而胤侯对羲氏与和氏的看法一向都很好，认为他们都是恪尽职守、兢兢业业的人，根本不至于醉酒误事，犯下如此大的罪过。但是天子之命不可违抗，他也只好率军前往。等见到羲氏与和氏，胤侯才知道羲氏与和氏并不曾喝酒误事，他们告诉胤侯日食是一种自然天象，并非人力所能改变。胤侯便带他们去见仲康，让他们亲自解释清楚，然而愚昧的仲康根本不相信科学，反而认为他们是在狡辩，于是将他们治了罪。

仲康六年（己未，公元前 2042 年），妣仲康任命颛顼之后己樊为诸侯，封于昆吾（今河南濮阳市），称夏伯。昆吾氏后来发展成为一个强大的部族，是夏王朝的重要同盟军。

仲康七年（庚申，公元前 2041 年），经过数年的发展和建设，夏王朝的军队逐渐强大起来，仲康认为现在已经有能力与有穷国相抗衡了，于是宣布不再向有穷国纳贡，并且命令有穷国继续向夏王朝交纳税赋。

仲康八年（辛酉，公元前 2040 年），仲康单方撕毁和约的行为激怒了有穷国国君，后羿命寒浞再次率领本国军队入侵夏朝领地。有穷军作战骁勇，如狼似虎，夏朝军队根本不堪一击，节节败退，有穷军队眼看就要打到夏都斟寻了。仲康一时间惊慌失措，为了保留血脉，他派人把太子相送往邳国（今江苏），让他在邳侯那里习文练武，以防意外。太子相送

走后不久，有穷军就兵临城下，夏军与有穷军展开了一场激烈的战斗。仲康担心破城后，有穷国寒浞会进行血腥屠杀，于是乘夜率众出东门弃城逃跑，北渡黄河，投奔了姒姓诸侯昆吾，把帝都再次送给了有穷国。

仲康九年（壬戌，公元前 2039 年），姒仲康在夏伯己樊的辅助下，以帝丘（今河南濮阳市西南）为都，开始了偏居一隅的统治。

姒仲康 41 岁即帝位，在位执政虚记十九年，卒于仲康十八年（辛未，公元前 2030 年），终年 60 岁。死后葬地不详，王号仲康，尊号后仲康，谥号帝仲康。

仲康一心想恢复夏室，但由于缺乏长远计划和合理规划，对形势估计错误，结果落得个偏安一角的局面，最后抑郁而死。

少康为夏朝的兴盛做出了怎样的贡献？

少康，姒姓，名少康，又名杜康。夏王相的儿子，母亲是有仍氏（今山东济宁东南）人。少康是相的遗腹子。相被迫自杀时，少康还没有出生。他的母亲后缗氏被迫逃到娘家有仍氏部落（今山东省济南市东南）。第二年，生下了少康。少康长大后终于攻杀了寒浞，推翻了入主夏国四十多年的有穷氏政权，史称"少康中兴"。少康是一位很有作为的国王。在位时间为公元前 1940～公元前 1880 年，在位共 21 年，病死，葬于阳夏。

夏王相统治末期，后羿发动叛乱，废相篡夺王位。七年后，寒浞杀死后羿篡位，并追杀相，相死时妻子后缗氏正好身怀有孕，她当时顾不得失去相的悲痛和王后的尊严，慌忙之中随宫女从狗洞中爬出，逃回有仍氏，于次年生下相的遗腹子少康。

少康自幼就很聪明，他初懂人事后，母亲就告诉他祖上失国的惨痛经过，并叮嘱他日后一定要报仇雪耻，复兴夏朝。从此，少康发愤图强，立志要夺回夏朝天下。他先在外祖父手下担任管理畜牧的小官职，平时一有机会就学习带兵作战的本领，并且时时警觉，防止寒浞来杀害他。不久，寒浞的儿子浇果然派兵来搜捕少康，于是少康逃奔到一个名为有虞氏的部落（今河南省虞城东）。有虞氏首领虞思让少康担任管理膳食的官，让他学习理财的本领，并把女儿嫁给他，还给了他一块方圆十里的名叫纶的肥沃土地和 500 名兵士，这就使得少康有了根据地和军队。少康非常注重体察百姓疾苦，宣传祖先大禹的功德，努力争取人民支持他复兴故国，并召集夏朝的旧臣前来与他会合。

当时，有个名叫靡的人，原是相的臣下，寒浞夺取王位之后，他逃到名为有鬲氏的部落（今山东省旧德平县），招集流亡，积蓄实力，以伺机复兴夏朝。他得知少康的消息后，率先响应少康之召，倾有鬲氏之兵，会合斟寻、斟灌两地的复仇之师，前去与少康会合，拥戴少康为夏王。

少康先派儿子季杼（ZHù）攻灭了寒浞的第二个儿子戈意，以削弱敌方的实力。又派将军女艾去侦察寒浞长子浇的虚实。等到一切准备就绪之后，他从纶出兵，一路势如破竹，节节胜利，最后终于攻克了旧都，诛杀了寒浞，夺回了王位，建都阳夏。

由于少康自幼历尽苦难，深知百姓之苦，所以复国后能勤于政事，抚恤民情。在他的治理之下，国家安定，经济发展，文化繁荣，各部落都拥戴他，因此夏朝出现中兴局面，史称"少康中兴"。

从"太康失国"到"少康中兴"，前后将近百年。如果说，夏朝的建立算是中国历代王朝最早的"兴"，夏启便是依靠权谋开国的第一代枭雄，太康则算得上最早的"昏君"了。只有到了少康还都，夏朝才真正进入了由"治"及"盛"的局面，出现了中兴的形势。因此，少康是一位很有作为的君王。

晚年，少康封庶子无余于越（今浙江省绍兴县），以祀奉祖先大禹的墓，这就是越国的启端。21年后，少康病逝，葬于阳夏。

季杼有哪些主要作为？

杼，又名季杼，生卒年不详，少康的儿子。少康病死后继位。在位17年，病死，葬于安邑附近。

杼曾经参加过父亲领导的恢复夏国的战争，并立下了不少战功。他还发明了甲和矛，并大举征伐东夷，取得了胜利。

杼精明强干，曾协助父亲少康攻灭了寒浞的势力，光复了夏朝。杼在位期间，发明了用兽皮制作的甲，兵士穿上以后，可以遮挡敌人的石刀、石箭，从而使夏军的战斗力大大增强。杼在位期间，继续同东夷族各部落进行争斗，一直攻打到东海岸边，从而进一步扩大了夏朝的统治疆域，最后降服了东夷族。夏朝在少康的带领下进入了中兴时代，而在季杼统治时期则达到了鼎盛。因此，杼被夏朝人看成是能够继承大禹事业的一位有名君王。

杼先后迁都到原（今河南省济原县附近）和老邱（今河南省陈留县附近）。在位 17 年后病死，死后传位给槐。

帝槐的名字有什么象征意义？

槐，一作帝芬，生卒年不详。季杼的儿子。季杼病死后，槐继承王位，在位 26 年，病死，葬于安邑附近。

槐在位期间，先后征服了居住于泗水、淮水之间的九夷部族，即畎夷、于夷、方夷、黄夷、白夷、赤夷、玄夷、风夷、阳夷等部落，进一步扩大了夏朝的势力。同时夏朝的社会经济都有所发展。因此可以说，夏朝最辉煌的时代是在帝槐时代来临的。槐树之花的黄色象征夏王室，槐树之花开花时节在夏天，因此槐树之花就是夏朝之花。帝槐又名帝芬，这也是指花朵芬芳的意思。因此，帝槐名号告诉我们，他在位的时代，是夏朝的"槐黄时节"，是夏王朝之花盛开的时节。

夏芒时代开创的"沉祭"是一种什么仪式？

夏芒，生卒年不详，槐的儿子。槐死后继位。在位18年，病死，葬于安邑附近。

芒在位期间，开始了延续数千年的沉祭（即将祭物沉入黄河企求河神的庇护）。

槐在位约44年而死。其子芒继位，举行了隆重的祭黄河仪式。除了把猪、牛、羊沉于河中，还豁出老本，将当年舜帝赐给大禹象征治水成功的"玄圭"（黑色的玉圭）也沉在河水中，以示虔诚。这就是"沉祭"，后来这种仪式一直延续了数千年。祭河之后，芒又跑到东海之滨游玩，捕捉到了一条很大的鱼。群臣向芒称贺，认为这是河神所赐，可以永保太平。

周代以后，沉祭依然非常盛行。《周礼·大宗伯》说："以狸沉祭山川林泽。"郑玄注释说："祭山林曰埋，川泽曰沉。"《仪礼·觐礼》也说："祭川，沉。"大意是说水神居住在水下，将祭品沉入水中，容易被水神接受。

为什么有"孔甲乱夏"的说法？

夏王孔甲，生卒年不详，夏王不降之子，夏王扃的侄子。扃的儿子廑继王位后不久病死，由孔甲继位。孔甲在位31年，后病死，葬于今北京市延庆县东北三崤山。

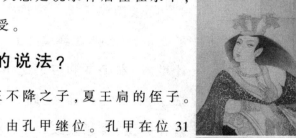

司马迁曾经说："帝孔甲立，好方鬼神，事淫乱。"由此可见，孔甲是一个胡作非为的残暴昏君。孔甲自幼性情乖僻，

他的父亲不降担心他治理不好国家，所以就没有传位给他，而是内禅位给弟弟扃，扃死后传位于子廑，廑死之后，才又由孔甲继位。

孔甲在位期间，肆意淫乱，挥霍无度，整日沉湎于歌舞美酒之中，传说他是一种叫做"东音"的乐调的创始人。不仅如此，孔甲还笃信鬼神。孔甲的所作所为使得各部落首领纷纷叛离，夏朝国势因此更加衰落，逐步走向崩溃的边缘。因此《国语·周语下》说："孔甲乱夏，四世而陨。"

据《史记·夏本记》和《列仙传》记载，孔甲非常喜欢养龙。某日，有雄雌两条龙自天降于黄河与汉水之上，孔甲视其为天赐神物，欣悦不已，于是他派人去将两条龙捕捉回来。但是捕回来之后却没有人能饲养。孔甲听说帝尧后裔刘累曾经跟随"御龙氏"学过养龙，于是他就把刘累召来养龙。

雌龙在捕捉时受过伤，养了不久便死去了，刘累因害怕获罪，所以隐情不报，并暗中将龙剁成肉酱献给孔甲，孔甲吃了之后感觉味道鲜美无比，于是命令刘累再做一些，刘累无计可施，在无奈和惶恐之下逃往鲁阳（今河南鲁山）。孔甲无奈，又找到一个名叫师门的养龙高手。师门将那条雄龙养得精神抖擞，神采焕发，孔甲看了非常高兴。但是，师门秉性耿直，常常批驳孔甲对养龙不懂装懂，最后惹得孔甲恼羞成怒，于是孔甲命人将师门杀了，尸体埋在城外远郊旷野。

不久，天降大雨，又刮起大风。等到风停雨息，城外的山

林又燃烧起来。孔甲本来就信奉鬼神,他认定这是师门的冤魂在作祟,所以乘上马车,赶到郊外去祈祷。祈祷完毕,孔甲登车回城,走到半路,他便死在了车中。

夏桀是如何亡国的?

桀,夏朝第 16 代君主发的儿子,又名癸、履癸,商汤给他的谥号为桀(凶猛的意思)。桀在位 54 年(公元前 1653～前 1600 年)。据说夏桀文武双全,赤手可以把铁钩拉直,但他荒淫无度,暴虐无道。夏亡国之后,桀被放逐而饿死。

桀是中国历史上有名的残暴之君,穷奢极欲,暴虐嗜杀,后终于被商汤所灭,结束了长达近 500 年的夏王朝。

夏朝发在位期间,各方诸侯已经不来朝贺了,夏王室内政不修,外患不绝,阶级矛盾日益尖锐。到了桀统治期间,夏朝更是德政衰败,民不聊生,矛盾重重,危机四伏。但夏桀不思励精图治,依然骄奢淫逸。夏桀即位后的第三十三年,发兵征伐有施氏,有施氏因抵挡不住,于是进贡给桀一个美女,名叫妹(Mò)喜。桀非常宠爱妹喜,特地为她造了富丽堂皇的琼室、象廊、瑶台和玉床,而这一切的负担都转嫁到了百姓的身上,人民苦不堪言,却敢怒而不敢言。

桀还从各地大肆搜罗美女,藏于后宫,日夜与妹喜及宫女寻欢作乐。据说夏桀把酒池修造得很大,船在上面航行都没有问题,喝醉之后溺死的事情经常发生,荒唐无稽之事,常使妹喜嬉笑不已。与此同时,民众的生活则困苦不堪,他

们每年的收成难以温饱,更无余粮度灾荒之年,每遇天灾必定妻离子散、家破人亡。夏代臣民指着太阳咒骂夏桀说:"时日曷丧,予及汝偕亡。"意思是说:你几时灭亡,我情愿与你一起灭亡。在夏朝百姓怨声载道的同时,四方诸侯也纷纷背叛,夏王朝面临内外交困的局面。

桀重用佞臣,排斥忠良,有个名叫赵梁的小人,专门投桀所好,教桀如何享乐,如何勒索,如何残害百姓,备受桀的宠信。

桀即位后的第三十七年,东方商部落的首领汤将一个德才兼备的贤人伊尹引见给夏桀。伊尹以唐尧、虞舜的仁政来劝说桀,希望他能够体谅百姓疾苦,用心治理天下。桀对伊尹的建议根本置若罔闻,不予采纳。伊尹见夏桀已无可救药,只得离去。到了晚年,桀更加荒淫无度,竟命人造了一个大池,称为夜宫,他带着一大群男女杂处在池内,一个月不上朝。太史令终古哭着进谏,结果弄得桀很不耐烦,斥责终古多管闲事,终古知道夏桀已无可救药,于是投奔了商汤。

夏桀手下还有个叫关龙逢(páng)的臣子,听到老百姓们怨声迭起,于是劝谏桀说:"天子谦恭而讲究信义,节俭又爱护贤才,天下方能安定,王朝才能稳固。如今陛下奢侈无度,嗜杀成性,弄得百姓都盼望你早些灭亡。陛下已经失去了民心,只有尽快改正过错,才能挽回民心。"桀听完又怒骂关龙逢,最后竟然下令将他杀死。

夏桀认为他的统治永远不会灭亡，他说："天上有太阳，正像我有百姓一样，太阳会灭亡吗？只有太阳灭亡，我才会灭亡。"他还召集所属各部首领开会，准备发动讨伐其他部落的战争。夏桀日益失去人心，夏朝覆亡已成定势。

这时候，商部落在汤的领导下日益壮大强盛起来。桀担心商汤会危及自己的统治，就借故将他囚禁在夏台（今河南省禹县境内）。不久，汤设计使桀释放了自己。

后来，商汤在名相伊尹的辅佐下，起兵伐桀，汤先攻灭了桀的党羽韦国、顾国，击败了昆吾国，然后直逼夏的重镇鸣条（今山西运城市东北安邑镇）。夏桀得到消息后，带兵赶到鸣条。两军交战，夏军将士苦于夏桀暴政已久，本来就不愿为桀卖命，因此乘机纷纷逃散。夏桀见大势已去，急忙仓皇逃入城内。商军在后紧追不舍，桀匆忙携带妹喜和珍宝，渡江逃到南巢（今安徽省巢县）。后来被商汤追上俘获，放逐于此地。长达500年的夏王朝宣告结束。

大禹的妻子女娇是怎样一位贤内助？

女娇，涂山氏的女儿，夏禹的妃子，仪容秀美，生性娴雅，是当地有名的美女，生卒不详。禹即天子位之后，曾经两次会盟诸侯，所选的盟址一次是涂山，另一次是在会稽山。禹之所以将第一次诸侯会盟大会的地址选在涂山，即有报答妻子部族的意思。

大禹忙于治水，三十岁尚未成家，后来在涂山（今安徽省

蚌埠市西郊）治水，见到女娇，二人一见钟情，互生爱慕之心。由于治水的工作紧迫，大禹又到其他地方巡视灾情，女娇因思慕大禹，于是写了一首诗，只留下两句："等候人啊，多么的长久哟！"据说，这是流传下来的最早的一首南方的情诗。通过这首情诗，可见女娇对大禹的倾心。后来女娇的使女将此事告诉大禹，大禹非常感动，遂于台桑与女娇成婚，这就是"禹得涂山女，而通于台桑"的故事。

夏禹娶了女娇之后，并没有因儿女私情而贻误公事，他四天后告别妻子，继续治水，女娇被送往安邑（今山西省解县东北）。由于女娇日夜思念南方的家乡，而大禹又没有时间安慰新婚的妻子，于是派人在城南筑了一座望乡台，让妻子登台遥望家乡。

有一次，大禹治水经过家门，适逢女娇临盆，邻居们都劝他回家探望妻儿，大禹说："治水必须抢时间，无法分心。"邻居说："您不能回去看望妻儿，也应该给独生子取个名字啊！"大禹在匆忙中为儿子取名为"启"，即"治水启行"的意思。如此一去十三年，三过家门而不入，归来时他的儿子已经十多岁了，女娇也变成了一位中年妇女，韶华已逝，青春不再。

大禹的功绩流芳千古，大禹的精神几乎成了华夏民族精神的发端，但我们在歌颂大禹、赞美大禹的时候，似乎忽略了他的妻子女娇的作用和贡献。女娇是一位多么美丽的姑娘

啊！她不仅美貌，更兼贤惠。作为大禹的妻子，等待她的却是幸福与牺牲的双重考验。

最美丽的姑娘也绑不住大禹治水的心。婚后的第四天，大禹就告别了新婚燕尔的娇妻，踏上了治水的征程。而且这一去竟是"十年八载不回还"，这对一个新婚不久的女子而言，承受的不仅仅是漫长的等待，更是孤独与痛苦的煎熬。还有十月怀胎的艰辛，女人最难熬的苦难都降临女娇的身上。儿子出世了，却见不到自己的父亲，他哇哇啼哭，女娇怀里抱着儿子启，柔声安慰："儿呀儿，你不要哭不要闹，等到洪水退去时，你爸爸就会回家了！"

这样苦闷的心情充分反映在女娇的《候人兮猗》歌里，《吕氏春秋》记载："禹行水，窃见涂山之女，禹未之遇而巡省南土。涂山之女乃令其妾候禹于涂山之阳。女乃作歌，歌曰：'候人兮猗'，实始作为南音。"其中，"兮"、"猗"是虚词，相当于"啊啊"，充分表达了女娇盼望丈夫早日归来的迫切心情。

正所谓"军功章里有我的一半也有你的一半"！大禹治水的成功，不只是他一个人的功劳，更有女娇这位贤内助做出的重大牺牲。这种默默无闻地无私奉献，正是中国妇女传统美德的开始。

妹喜真的是夏王朝灭亡的罪魁祸首吗？

妹喜，"妹"读作"Mò"，又名妹嬉，有施氏之女。有施氏原

为喜姓。妹喜是夏朝末代国王夏桀姒履癸的宠妃。夏桀在征伐有施氏时,有施氏的首领将她献给夏桀。夏桀对妹喜十分宠爱。根据《列女传·夏桀妹喜传》记载,桀"日夜与妹喜及宫女饮酒,无有休时。置妹喜于膝上,听用其言"。又据《帝王世纪》记载,妹喜喜欢听"裂缯之声",夏桀就把缯帛撕裂,以博得她的欢笑。后世多认为,妹喜是红颜祸水的第一例证,此后又陆续出现了商朝妲己,周代褒姒等等。

在夏代,如今的滕州市境内,有一个方国(也称为部落),称作"有施氏"。它原本是臣服于夏王朝的,年年纳贡,岁岁来朝。后来由于夏王室衰败,朝廷腐败,夏王桀贪得无厌,横征暴敛,索要的东西(包括美女)越来越多,一时间搞得天下民怨沸腾、怨声载道。在这种情况下,有施氏带头不朝不贡。

夏桀为了稳住自己的江山、遏制四方造反的苗头,于是决定以武力征服有施氏,杀鸡儆猴,他纠集其他方国带领数万大军开始东征有施氏。有施氏占据天时地利,由于物产丰富、农业发达,在众多的方国之中算是比较有实力的。但"双拳难敌四手",他们面对夏王朝和其他方国的攻击,浴血抵抗了几个月之后,不得不放弃抵抗,向夏朝乞和。夏桀提出了媾和的条件,其中之一就是献出有施国的公主,举国最美的姑娘——妹喜。

据野史传闻,夏桀得到妹喜以后,更加荒淫无度。经常把

她抱到双膝上，日夜不停地陪她饮酒作乐。妹喜爱听撕裂绸缎的声音，夏桀就从国库搬出绸缎，命令宫女们撕给她听。夏桀为取悦妹喜，还大兴土木，建造了一个大池塘，里面装满美酒，命人在酒上划船。面对挥霍无度的无道昏君，老百姓敢怒不敢言。百姓们被逼得实在无路可走，于是有人对着太阳指桑骂槐道："你这个可恶的太阳什么时候完蛋啊！我真愿意和你一道灭亡！"

桀争伐有陂后，又得到了美女鱼和妲。桀又开始宠幸鱼和妲，因而渐渐冷落了妹喜。妹喜因忌生恨，于是暗地里为商汤送夏军情。

商汤起兵讨夏，夏桀在鸣条（今河南省封丘东）战败，挟妹喜乘舟渡江，逃到南巢（今安徽省巢东南）之山，后来二人一道死去。

多行不义必自毙，最后夏王朝终于灭亡了。由于朝廷中有一个妖冶（指艳而不正派）的女子，人们便把夏王朝灭亡的原因归咎到妹喜的身上，有人说她是"千古第一狐狸精"，有人说她是"中国有历史记载以来的第一个亡国的皇后"，有人说她是"我国有史以来第一位女间谍"，还有人说她是"淫妇"。

那么，妹喜当真是纵情淫乐的罪魁祸首吗？

翻查一下历代史书，最早记载是《国语·晋语一》，上面有很少一段文字，只说："昔夏桀伐有施，有施人以妹喜女

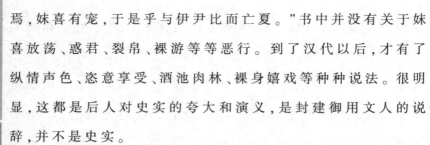

焉，妹喜有宠，于是乎与伊尹比而亡夏。"书中并没有关于妹喜放荡、惑君、裂帛、裸游等等恶行。到了汉代以后，才有了纵情声色、恣意享受、酒池肉林、裸身嬉戏等种种说法。很明显，这都是后人对史实的夸大和演义，是封建御用文人的说辞，并不是史实。

其实对于妹喜，今人有很多客观的评价：

柏杨在《中华古籍之皇后之死》一书中在谈及妹喜时，就以"一个可怜的女俘"为题，他说："施妹喜是个可怜的女孩子，她的身份是一个没有人权的俘虏，在她正青春年华的时候，不得不离开家乡，离开情郎（假如她有情郎的话），为了宗族的生存，像牛羊一样地被献到敌人之手。"

琥珀在《中国女性沉冤录》中说："历朝历代，从夏朝开始，好像人们已经习惯了为每一个王朝兴亡，找出一个替罪羊来，夏有妹喜，商有妲己，周有褒姒，等等等等，不一而足……红颜祸水，这样的词语在历史中随处可见，就好像一个王朝的灭亡，一场动乱的发生，全是由女性造成的一样。但实际上呢？人们却往往忽略了背后的真相——要不是帝王们昏庸好色，将相的腐败无能，又何至于此呢？"

《是"女祸"还是"男祸"？》一文说："不可将历史上很多王朝的衰亡都归咎于女人，纵情淫乐的罪魁祸首在于作为帝王的男子，中国历史上举凡一国的统治者罕有不荒淫者，后宫佳丽不计其数实在是司空见惯的现象。不过如果荒淫而无

道、国衰仍荒淫,那就非亡国不可了。"因此可以说,妹喜是中国历史上第一个背负祸国殃民、红颜祸水的"黑锅"的代罪羔羊。

其实关于史实真相到底如何,谁也不能作出准确判断。我们今天所能知道的只有一点:妹喜是出身于有施氏的一个美女,是夏王朝的最后一位"皇后",仅此而已。

皋陶有哪些重大贡献?

皋陶,亦作"皋陶"、"皋繇"或"皋繇",上古时期传说中的人物。传说他是虞舜时期的司法官,后来成为狱官或狱神的代称。

皋陶,山西洪洞县士师村人,名庭坚,字聘,颛顼帝与邹屠皇后的第七个儿子,据《旧志》、《左传》记载,皋陶是舜、禹时期的士,士师,大理官,即司法长官,是我国历史上第一个大法官。

皋陶以执法如山、正直无私闻名天下,被奉为中国司法的鼻祖。舜在任命禹担任司空,治理水患的时候,禹万分辞让,推荐稷、契和皋陶担任这一职位。但是舜最后还是把这一职位交给了禹。舜对皋陶说:"皋陶,现在蛮夷侵扰华夏,坏人为非作歹,你就担任司法官吧!处刑要让人信服,流放罪分为不同等级,而远近不同。只有公正明允,才能赢得民众的信任。"于是皋陶就做了舜帝的理官,负责氏族政权的刑罚、监狱、法治。传说皋陶的外貌青绿色,就像一个削皮的

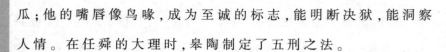

瓜；他的嘴唇像鸟喙，成为至诚的标志，能明断决狱，能洞察人情。在任舜的大理时，皋陶制定了五刑之法。

相传皋陶有一只獬豸（音 xiè zhì），獬豸又称直辨兽或独角兽，当人们发生冲突或纠纷时，它能用角指向无理的一方，甚至会将罪该万死的人用角抵死，令犯法者不寒而栗。皋陶审理案件，倘若遇到疑难，就会牵来獬豸。如果那人有罪，獬豸就会用角顶触他，无罪则不会。这种办法果然神效，史书上说皋陶为大理，天下无虐刑、无冤狱，那些卑鄙小人都非常畏惧，因此天下非常太平。

相传皋陶在掌管司法时，曾经"划地为牢"，成为最初监管犯人的囚禁场所，我国从此有了监狱。从此，"皋陶造狱，划地为牢"正式流传下来，而造狱先驱皋陶也因此被尊为狱神。

传说我国第一部《狱典》就是皋陶制定的，他把《狱典》刻在树皮上，呈给大禹，禹看后觉得非常好，就让皋陶付诸实施。《狱典》归纳了偷窃、抢劫、奸淫、杀人等多项犯罪的行为，并且根据犯罪的轻重给予不同的量刑。

禹继位之后，按禅让制举荐皋陶为他的继承人，并且叫他处理政务，不料皋陶先于禹而亡故，所以后来禹又不得不举荐伯益为继承人。

皋陶凭借其超卓的才干卓有成效地辅佐了尧、舜、禹三代君主，成为我国先秦史中一位深远影响的人物。他创刑、

造狱，倡导明刑弼教以化万民的思想为我国各个时期制定、完善、充实各项法律制度，奠定了坚实的基础，因此被后世誉为"圣臣"。

皋陶是上古时期一位伟大的政治家、思想家和教育家，被史学界和司法界公认为"司法鼻祖"，他的"法治"、"德治"思想，与今天的"依法治国"和"以德治国"存在着密切的历史渊源，皋陶文化中的司法活动与法律思想对中国古代法律文化有着重要影响。皋陶辅佐夏禹理政、治水和发展生产，并为融合夷夏和后来中华民族的形成做出了巨大贡献。皋陶去世后，葬在六地，即今天的安徽六安市。

伯益是怎样一个人物？

伯益，也作伯翳、柏翳、柏益、伯鷖，又名大费。伯益是古代东夷族首领少昊的后裔。

伯益年轻时就非常聪明，才智超群，《吕氏春秋·勿躬》说他发明了以封占卜岁时吉凶的方法，而且最早发明打井取水。

由于伯益富有聪明才智，禹就向当时中原氏族联盟政权首领帝舜推荐了他。后来舜派伯益辅佐禹治理水患。在帮助禹治水的过程中，伯益立下了大功。禹在治水成功后受赏时对舜说："这不是我一个人能完成的，大费（即伯益）也有很大的功劳啊！"于是舜也对伯益大加奖赏，说："费呀，你帮助禹完成了这件功业，我赐给你白色的旗，以后你的子孙一定

会昌盛的！"舜的话果真灵验，后来伯益的后嗣确实非常繁盛。

舜出于对伯益的信任和器重，于是把自己美丽的小女儿姚氏嫁给了他，并且将伯益封于费，因此伯益又叫大费，或称费侯。

由于善于狩猎和畜牧，伯益被封为九官之一的虞官，负责治理山泽，管理草木鸟兽，并协助舜调驯鸟兽。由于伯益在长期狩猎实践中积累了丰富的经验，熟悉鸟兽的语言和习性，因此他在畜牧方面功绩卓著。

大禹继承舜的王位之后，伯益又辅佐大禹治理水土、开垦荒地、种植水稻、凿挖水井。不仅如此，伯益在政治上也很有建树，他曾经告诫大禹：凡事都应该有前瞻性，考虑事情要周全；不要违背法则、制度；不可放纵于游乐享受；不要违背规律去追求百姓的称誉；不要违反民意而满足自己的私欲；治理国家不能懈怠，政事不能荒废；谦虚会受到益处，骄傲自满能导致失败；要选贤任能、除奸去邪。在处理民族矛盾方面，伯益更是表现出远见卓识。舜在位时，三苗族离心离德，于是舜派大禹武力征服，三苗不服，伯益提议，应该恩威并举，德武相济。大禹接受了伯益的建议，撤退军队，实行文教德治，三苗族受到感化，最终归顺。据说，伯益还将跟随大禹治水时所经历的地理山川、草木鸟兽、奇风异俗、轶闻趣事记录下来，后来根据这些素材撰写出了《山海经》一书。

　　伯益是一个由原始社会向奴隶社会过的关键性人物。由于伯益德才兼备，大禹在晚年立伯益为自己的继承人，让自己的儿子启为臣。夏禹在位10年，东巡会稽时逝世，临终前遗言传位给伯益。据说伯益为夏禹守丧三年后，将王位禅让给了夏启，而自己在箕山之北隐居下来。于是夏启即天子之位，建立了中国历史上第一个奴隶制王朝——夏朝，原来氏族社会的"公天下"禅让制终于被阶级政权的"家天下"世袭制所取代，中国历史从原始社会跨入奴隶社会。

　　夏启即天子位之后，便开始消灭伯益的势力。在夏启六年，启将伯益杀死。传说伯益被害时，已年过200岁。伯益死后，夏启以隆重的礼仪厚葬了伯益，而且每年都以牺牲来祭祀他的亡灵。夏启之所以这样做，或许是出于内疚，但更可能是笼络人心之举。

　　伯益虽然被害，但他的家族后裔却十分繁荣昌盛，赵、秦、徐、马、梁、黄、江等10多个姓氏，都尊他为始祖。

仪狄为什么被称为"酒神"？

　　据《世本》、《吕氏春秋》、《战国策》等先秦典籍记载，仪狄是夏禹时期掌管造酒的官员，相传是我国最早的酿酒人。对此，《吕氏春秋》上说："仪狄造酒。"汉代刘向所著的《战国策·魏策》上记载："昔者，帝女令仪狄作酒而美，进之禹，禹饮而甘之，曰：'后世必有以酒亡其国者。'"东汉许慎在《说文解字·酒字条》中，也有同样的说法，大致意思是夏禹叫仪

狄去酿酒，仪狄经过一番努力之后，终于酿出了味道醇美的美酒，然后进献给夏禹，夏禹喝了之后，觉得确实很不错。关于仪狄造酒的说法，在《太平御览》中也说："仪狄始作酒醪，变五味。"另有一种说法叫做"仪狄作酒醪，杜康作秫酒"。"醪"，是一种糯米经过发酵而成的"醪糟儿"，性温软，味儿甜美，多产于江浙一带。现在很多家庭中仍有自制的醪糟儿。醪糟儿洁白细腻，稠状的糟糊可以作主食，上面的清亮汁液与酒非常相似。还有一种说法是"酒之所兴，肇自上皇，成于仪狄"。意思是说自上古三皇五帝的时候，就已经有各种各样造酒的方法流传于民间，后来是仪狄将这些造酒的方法归纳总结起来，使之流传于后世的。

大禹因为治水有功而得到了帝位，但是也因为操劳国事而十分劳累，巨大的压力使得他茶饭不思、寝食难安，身体逐渐消瘦下去。禹的女儿眼看父亲每天忙于国事，无暇顾及自己的身体，感到十分心疼，于是便请服侍禹膳食的仪狄来想想办法。

有一天，仪狄到深山里去打猎，希望猎得一些极品野味，为大禹改善改善伙食。仪狄在山中意外地发现了一只猴子在吃一潭发酵的汁液，那是桃子腐烂之后流出来的汁液。猴子喝了之后，晃晃悠悠地醉倒了，而且脸上还露出非常满足的样子。仪狄看了非常好奇，他也想亲自品尝一下。一尝之下，他顿时感到全身热呼呼的，非常舒服，整个人筋骨都活络了

起来。仪狄高兴地说:"想不到这种汁液可以让人忘却烦恼,而且睡得十分舒服,简直是神仙圣水。"

大禹的病痛一直未见好转,并且他为自己无力处理国事而觉得愧对天下百姓,就在此时,共工又引领洪水乘机出来作乱,大禹更加懊恼了。就在这时,仪狄灵机一动,赶紧将上次在深山所发现的汁液拿出来给大禹饮用,大禹被这香甜浓纯的味道深深所吸引,顿时觉得胃口大开,精神百倍,体力也渐渐恢复了,随后,大禹带着部众出去迎战了。

仪狄因为受到了大禹对自己造酒技术的肯定,便下定决心继续研究这项技术。在精卫、小太极和大龙的帮忙下,他终于完成了第一次造酒工作。大家都很兴奋,个个急着想要品尝,于是仪狄便喝了一口,他喝了之后差点没吐出来,因为喝起来就像馊水一样——原来是因为汁液还没有经过"发酵"这个步骤,所以第一次的造酒失败了。后来经过大家反复的试验及潜心研究,最后终于成功研制出了各种香醇美味,俗称作"酒"的东西。

由于大禹最后打败了共工,所以决定举行盛大的庆功宴来犒劳所有有功的人员。大禹吩咐仪狄将所造的酒拿出来招待大家,大家都觉得这酒真是人间美味,于是越喝越想喝,虽然大家都喝得晕头转向的,却也都感觉逍遥自在、不亦乐乎,简直就像腾云驾雾一样舒服!大禹王也高兴得封仪狄为"造酒官",让他以后专门负责为朝廷造酒。

　　但是到了第二天早朝时，所有大臣都在前厅等候大禹，从天刚蒙蒙亮一直等到日正当中，，却一直不见大禹的踪影。原来大禹因为喝醉了酒正在呼呼大睡呢！等到大禹醒来的时候，他很不好意思地对大家说："酒虽然治好了我的病，却使我荒废了朝政，我以后再也不喝酒了。"从此大禹决定不再饮酒。而仪狄开了一间酒坊，而且被封为"酒神"，他的造酒技术逐渐流传于世，直到今天。

中国历史上究竟有几个后羿？

　　中国历史上有两个"羿"，一个是大羿，一个是后羿，均出自东夷，而且二人都善于弓射之术。但二者绝非同一个人，前者是帝尧时期的人物，后者是夏太康时期的人物。

　　传说蚩尤被杀死之后，东夷各部落方国重新陷入长期的内战之中，烽火不断，民不聊生。大羿就是在这样的情势下，受命于危难之际，担负起了统一东夷各部族的历史使命。

　　大羿统一了东夷各部落方国，组建了一个强大的国家。由于该国主要由众多崇拜太阳的部落方国所组成，所以在《山海经》中被称为"十日国"。十日国的地望（指地理位置）位于东海之滨的山东省日照市南部（参见"《山海经·海外东经》地望考证"一文）。现在的国家级历史文物保护单位尧王城遗址即为十日国的都城。尧王城遗址南侧的天台山现现在是日照汤谷太阳文化源旅游风景区的一部分。日照汤谷太阳文化源旅游风景区内还有太阳石、太阳神陵、老母庙、老祖

像、日晷等很多太阳崇拜的遗迹。

　　大羿和她的妻子姮娥（后来演绎为飞天的嫦娥）死后就葬在日照汤谷太阳文化源旅游风景区内的天台山上。当地人称之为大羿陵。

　　后羿，又称"夷羿"，相传为夏王朝东夷族有穷氏的首领，善于射箭。当时夏王"启"的儿子"太康"耽于游乐田猎，不理政事，被后羿所逐。太康死后，后羿立太康之弟仲康为夏王，实权则操纵于后羿之手。但后羿只顾四出打猎，后来被亲信"寒浞"所杀。

　　因此，尽管二人均善射，射日神话中的羿是指大羿而不是后羿，嫦娥的丈夫是大羿而不是后羿。

后羿是如何篡夺夏朝王位的？

　　后羿，也称"夷羿"，相传为夏王朝东夷族有穷氏的首领，善于射箭。后羿是夏王朝第六任帝，在位八年，民间传说中他是嫦娥的丈夫，他和杀他的寒浞为历史上少见的几位改姓未改朝代的篡权者（寒浞为夏朝第七任帝，在位60年）。

　　启的儿子太康即位之后，耽于游乐田猎，不理政事，被后羿乘机夺位。太康死后，后羿立太康之弟仲康为夏王，实权则操纵于后羿之手。不过后羿也是只顾着四处打猎，后来被亲信寒浞所杀。

　　夏启死后，他的儿子太康即位。太康是个非常昏庸的君主。他不理政事，专好打猎。有一次，太康带着随从到洛水南

岸去打猎。他越打越起劲，竟然去了一百天都没有回家。

　　那时候，黄河下游的夷族，有个部落首领名叫后羿，他野心勃勃，想夺取夏王的权力。他看到太康出去游猎，认为这是个绝好的机会，于是他亲自带兵守住洛水北岸。等到太康带着一大批猎得的野兽，兴高采烈地回来的时候，发现洛水对岸全是后羿的军队，阻住了他的归路。太康早已大失民心，众叛亲离，无奈他只好在洛水南面过着流亡生活。后羿还不敢自立为王，他另立太康的兄弟仲康为夏王，把实权抓在自己手里。

　　后羿在仲康在位期间，广罗党羽。仲康死后，他又立仲康的儿子相为帝。两年之后，即公元前2145年，后羿认为时机成熟，于是罢黜姒相，并将他放逐到斟灌（山东曹县），正式夺取夏朝的王位，成为夏王朝的第六任君王。登上王位之后，后羿仗着自己射箭的本领，开始作威作福起来。他和太康一样，四出打猎，将国家政事交给他的亲信寒浞（zhuó）。寒浞瞒着后羿，大肆收买人心。有一次，后羿打猎回来，寒浞伺机派人将他杀了。

　　寒浞杀死后羿、夺了王位之后，因担心夏族再跟他争夺，所以一心想要杀死被后羿撵走的相。因此相逃到哪儿，寒浞就追到哪儿。后来，相终于被寒浞杀了。那时候，相的妻子正怀有身孕，由于被寒浞逼得走投无路，所以从墙洞里爬了出去，逃到娘家有仍氏部落，生下了一个儿子叫少康。

少康长大后，给姥姥家看牲口。后来听到寒浞正在派人追捕他，又逃到舜的后代有虞氏那里。

少康从小就在艰苦的环境中长大，从而练就了一身好本领。他在有虞氏那里招收人马，逐渐有了自己的队伍。后来，他又得到忠于夏朝的大臣、部落的协助，反攻寒浞，终于把王位夺了回来。史称"少康中兴"。

寒浞究竟是一个怎样的人物？

寒浞，姓寒（又作韩），名浞，又名漪。寒浞出生在夏王仲康七年（庚申，公元前 1982 年）。他是一个不忠不孝、不仁不义的人，他不仅杀死了自己的师父，还杀死了他的义父后羿，夺取了有穷国的半壁江山。后来他又继续穷兵黩武，兴师灭掉了夏王朝，使夏王朝亡国 40 年之久。公元前 1908 年，姒少康复国大军先后攻克了寒浞的两大封国，收复了中原地区的大部。紧接着，姒少康率军攻打寒浞的老巢斟寻都城。此时寒浞已经年近八旬，无力征战厮杀，只好躲在深宫里苟延残喘。他的部下见大势已去，为了给自己和家人留条活路，只好临阵倒戈，在夏军围城的时候突然反叛，杀入宫中，把寒浞从妃子的被窝里光着屁股拉出来，打开城门将他献给了姒少康。姒少康下令将寒浞处以极刑，同时下令将寒浞一族斩尽杀绝。

寒浞，曾经统治中国长达 40 年之久，不过由于他的名声不好，以孔圣人儒家思想为主体的中国历史将他排斥在帝王

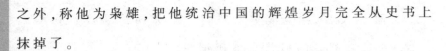

之外,称他为枭雄,把他统治中国的辉煌岁月完全从史书上抹掉了。

寒浞是伯明氏的后代,其祖先为黄帝的车正哀,由于车正哀有功于黄帝朝,黄帝将他封于寒(今山东潍坊市一带),其属地称为伯明国(亦称寒国),其族人后来便以寒为姓。

寒浞出生在夏王仲康七年(庚申,公元前 2041 年),父母从小就非常骄纵他,任由他胡作非为。别人有好吃的东西他便抢过来吃,别人有好玩的东西他便抢过来玩,打架骂人是他的家常便饭,别人和他理论,他就仗着身强力壮对人家拳脚相加,十几岁时就搅得四邻不得安宁。族人为此纷纷谴责他的父母,他的父母见他闹得实在有些离谱,不得不批评他几句,谁知他竟然把父母捆绑起来,照样出去胡作非为。邻居们只好告到族长(诸侯国君)那里,请求族长做主。族长大怒,下令将寒浞驱逐出境,永远不许再回寒国。当时寒浞只有 13 岁。

寒浞被逐后并没有丝毫的悔意。押送他的士兵问他是否需要回家与父母告别,他竟说不用了,然后毫不犹豫地与士兵上了路,头也不回地离开了寒国。离开故土后,寒浞一路盘算自己下一步该怎么走。这时他听说有穷国的国君后羿攻占了夏朝的国都,自立为王,号称天子。他觉得后羿真是个了不起的大英雄,于是决定前去归附他。在途中,寒浞在山中一户人家借宿,遇见了一位奇人,那人因喜欢寒浞的聪明

伶俐，便收他做徒弟。经过一年多的摔打学习，寒浞学得了一身高超的武艺。寒浞唯恐师父再收其他人做徒弟，于是用毒药把师父毒死，然后搜刮了师父的所有财物，随后一把火将师父全家和房子一起烧毁了。

后羿十三年（公元前2028年）秋天，寒浞辗转来到夏都斟寻。在城里住了十几日之后，寒浞终于找到机会见到了后羿，他凭借自己的聪明才智和伶牙俐齿，赢得了后羿的垂青。后羿不顾大臣们的反对，把寒浞留在朝中，并认他为义子。寒浞自知名声不好，如果想在这里长久立足，必须改掉以前的恶习。于是他处处小心谨慎，一方面施展各种手段博取后羿的信任，另一方面又广交朝中权贵，积极网罗自己的党羽，减少自己的对立面。后羿见寒浞身体强健，勇猛过人，便让他在军中当了个小头目。寒浞利用这个机会，多次参加对诸侯的战争，并且屡立战功，因此不到一年就成了勇冠三军的大将军。

这时原来隶属于有穷国的方夷国突然叛乱，停止纳贡，宣布脱离有穷国的统治。后羿派寒浞领兵前去征讨，大获全胜，方夷重新归附有穷国。后羿非常高兴，于是提拔寒浞为军队的左司马（副总管），并且为他定了亲，帮他操办婚事，成家立室。此后寒浞又得到后羿多次提拔，最后成了朝中的主政大臣。

和很多君王一样，有穷国君后羿在和平的环境下也开始

腐化堕落起来，他不仅沉溺于酒色，而且喜好巡游打猎。为了满足自己的享乐欲望，后羿把一切朝政事务全都委托给了寒浞。寒浞利用后羿给他的权力，大肆结党营私，发展和壮大自己的势力。同时，他还处处讨后羿的欢心。后羿好色，他就从各地挑选各种各样能歌善舞的美女入宫陪后羿作乐；后羿好酒，他就让各地献数百坛最好的美酒供后羿享用；后羿好打猎，他就从各地挑选数十匹良马供后羿出猎时骑乘。后羿对此非常满意，他甚至对朝中的大臣们说："有寒浞这样孝顺的义子，真是我一生最大的福分！"

然而大臣武罗、伯因、熊髡（kūn）、尨圉（máng yǔ）等人却站出来向后羿泼冷水，他们认为寒浞这样做的目的是把后羿往邪路上引，根本就是一条亡国之路。他们建议后羿将寒浞免职治罪。后羿却连连摆手，说："你们想得太多了，我待寒浞胜过亲生儿子，他怎么会害我呢？"结果后羿依然重用寒浞，依然沉湎于酒色之中，那些曾经和后羿出生入死几十年的老臣们全都心冷了，他们叹息说："有穷国完了！"

寒浞此时却非常得意，因为他对后羿的王位觊觎已久，他所做的一切都是为了夺取有穷氏的政权。

后羿十六年（丙子，公元前2025年），后羿不顾群臣反对，封寒浞为相，让他总揽朝政。

后羿十七年（丁丑，公元前2024年），后羿在宫中养了众多美女供他淫乐还不满足，在58岁时竟然又纳了一位18岁

的少女为妃。这位少女名叫纯狐,是一位才貌双全的姑娘。

有一次,后羿乘坐马车出外巡游,在野外看见了这位迷人的女子。他立即命人调查这姑娘的家世,得知她是一位诸侯的女儿,名叫纯狐,便强行将她招入宫中,纳为少妃。纯狐对这桩婚姻十分不满,但他是个非常聪明的女子,表面上对后羿百依百顺,暗地里却准备致他于死地。于是,她秘密勾引寒浞,并很快与他私通。二人私通后便密谋害死后羿,然后夺取他的王位。为了达到目的,纯狐便假意对后羿十分亲热,并借机哄骗他对寒浞委以重任。

寒浞与纯狐合谋,在三年时间内,陆续害死了后羿的亲信大臣武罗、伯因、熊髡、龙圉等人。到后羿十九年(己卯,公元前 2022 年),朝中的大臣几乎都成了寒浞的死党。寒浞认为时机已经成熟,于是决定动手杀死后羿。不料,他与纯狐通奸时,被酒醉后的后羿捉奸在床。后羿盛怒之下打算杀死寒浞,然而他已年老体衰,哪里是寒浞的对手,反而被寒浞杀死在寝宫的床上。随后寒浞升殿宣布了后羿的罪状,然后自立为王,改国号为寒,立纯狐为正妃,以庚辰年(公元前 2021 年)为寒浞元年。

据史书记载,寒浞即位以后,曾大肆屠杀有穷氏族人。他命人将后羿的尸体剁成肉酱,加入剧毒做成肉饼,然后分给后羿的族人吃,吃下的便被毒死,不吃的就让士兵用乱刀砍死。一些有穷族人为了活命,纷纷逃往边远地区,留下来的

则隐姓埋名，投靠其他诸侯。从此，中原地区再也找不到有穷族人了。

　　寒浞称王以后也不敢有丝毫懈怠，他心知肚明，目前他所拥有的只不过是夏王朝的半壁江山，夏王朝不彻底灭亡，他的王位就难以坐稳，所以他积极做着应战准备。

　　果不其然，第二年春天，夏王姒相联合了诸侯斟寻氏和斟灌氏，兵分三路来攻打寒国。由于寒浞早有准备，姒相的军队只是虚张声势地喊杀了几天，接着两军对垒一月有余，最后姒相无功而返。

　　寒浞并没有因此而放松警惕和戒备。他继续招募青壮年入伍，加强军事力量，时刻做好战争准备。为了争取民心，他还对统治区内的平民实行削富济贫、减轻赋税等一系列措施，这在客观上使人民的生活得到了改善，国势也逐渐富大起来。

　　寒浞的原配夫人叫姜蘬，是个北方女子，是九黎蚩尤氏的后人，不仅身材高大健壮，而且有一身的好武艺。当年寒浞领兵征讨东夷，二人在战场上一见倾心，互生爱慕，姜蘬便率众投降了寒浞。寒浞回朝以后，后羿赐婚，并亲自为他们主持了婚礼。后来姜蘬先后为寒浞生了两个儿子：长子寒浇，生得豹头狼眼，虎背熊腰；次子寒戏，长得身长体壮，力大如牛。两个儿子都天生神力、勇猛善战，十几岁时就开始领兵作战。

寒浞十一年（庚寅，公元前 2011 年），寒浞在两个儿子的支持下，向夏王朝的领地发动突袭。由于夏后氏族民毫无准备，这次突袭取得了成功，寒浞不仅掠夺了大量的财物，而且捉获了很多百姓。这场战役更加坚定了寒浞灭夏的决心，他继续积极备战，伺机向夏王朝统治区发起全面进攻。

寒浞十二年（辛卯，公元前 2010 年），寒、夏两国的大决战终于爆发。寒浞采取分而治之、各个击破的战术，先命长子寒浇率主力部队攻打斟灌氏的戈邑（今河南太康与杞县之间），自己和次子寒戏各率一军虚张声势，佯攻夏都帝丘和斟寻氏（今山东潍坊西南），使他们不敢增援斟灌氏。结果斟灌氏孤军作战，很快被寒浇击败，戈邑失陷，斟灌氏首领姒开甲率残部退守斟灌（夏后氏都城，在今山东寿光市东北）。

寒浞首战告捷，大封功臣。他封长子寒浇为过王，镇守过邑（今山东莱州市西北），封次子寒戏为戈王，镇守戈邑。此战寒国虽然获胜，但也损兵折将，很多青壮年都死在了战场上。因此寒浞决定暂时罢兵休战，养精蓄锐，以图再战。夏王姒相此时本来有足够的力量反击，但他已被寒国强大的攻势吓破了胆，所以不敢组织军队进攻，只是下令加强各地防守，这就等于给了寒国休养生息的机会。

寒浞十八年（丁酉，公元前 2004 年），寒国经过六年的休整，国力和兵力更加强盛。寒浞再次调兵遣将，准备与夏王朝展开第二次决战。他仍命寒浇率主力部队攻打斟灌氏，斟

斟灌氏首领姒开甲率军迎战，结果中了寒浇的埋伏，最后全部战死。寒军攻占夏都斟灌之后，大肆屠杀城中百姓。

寒浞十九年（戊戌，公元前2003年），寒浇乘胜攻打斟寻氏。斟寻氏首领姒木丁听说姒开甲战死，正打算兴兵为他报仇，如今寒浇又来进犯他的领地，他勃然大怒，立即率军迎战。双方乘船在潍河（今山东潍坊境内）上展开了一场激战。当时潍河水深流急，水面辽阔，适宜水战。姒木丁的军队多数不识水性，只能在船上与寒军厮杀。寒浇利用夏军这一弱点，派出了数十名水手潜入水底，凿穿了姒木丁的战船。夏军见战船漏水纷纷惊慌失措，寒军乘机攻杀，夏军大部分落水淹死。姒木丁在混战中也被杀死。斟寻氏灭亡，其国土全部被寒国占领。

寒浞二十年（己亥，公元前2002年），寒浞消灭了斟灌氏和斟寻氏两大诸侯，从而除去了夏王朝的左膀右臂。随后，寒军兵分三路围攻夏都帝丘。夏王姒相率城中军民奋力抵抗，终因势单力薄，难以抵挡寒军的强大攻势。寒军攻破帝丘，大肆屠杀城中军民，夏王姒相及族人全部被寒军杀死。至此，夏王朝正式亡国，夏王朝的统治区域全部被寒浞控制。

寒浞自以为已经把夏王朝的子孙斩尽杀绝，但他万万没想到，夏王姒相已经怀有身孕的妃子后缗，偷偷地从城墙下的水洞子爬出去逃走了。后缗原是有仍氏之女，她乔装改扮

成农妇逃回了母家有仍（今山东济宁市南）。

寒浞二十一年（庚子，公元前 2001 年），后缗在有仍生下了一名男孩，名叫少康。

姒少康在外祖父家里长大，后来当了有仍国的牧正（主管畜牧的官）。不料身份泄露，消息很快传到寒浞那里，寒浞立即派长子寒浇带人前往有仍抓捕姒少康。姒少康闻讯后逃往有虞（今河南商丘市虞城县西南）。

寒浞三十九年（戊午，公元前 1983 年），姒少康在有虞被国君虞思招为女婿。虞思还把伦邑（今河南商丘市虞城县东）赐给他，赏他良田十顷，士兵五百名。姒少康不忘父仇和亡国之耻，日夜习文练武，广交天下贤士，积极准备复国。

寒浞五十五年（甲戌，公元前 1967 年），逃亡到有鬲（夏代诸侯国，今山东德州市平原县西北）的夏朝老臣伯靡，秘密联络残存的斟灌氏和斟寻氏族人，率领他们投奔姒少康，组成了一支复国大军，正式向寒国宣战。

寒浞五十七年（丙子，公元前 1965 年），姒少康率领复国大军攻打寒浇的封国，攻占过城，杀死了寒浞的长子寒浇。

寒浞五十九年（戊寅，公元前 1963 年），姒少康命长子姒杼率军攻打戈邑，寒浞的次子寒戏领兵迎战，被夏军击败，寒戏在战斗中被杀死，夏军一举收复了戈邑。

寒浞六十年（己卯，公元前 1962 年），姒少康率复国大军先后攻克了寒浞的两大封国，收复了中原地区的大部。随

后，姒少康挥军攻打寒浞的老巢斟寻都城。此时寒浞已经年近 80 岁，根本无力抵抗，他的部下见大势已去，纷纷临阵倒戈。他们把苟延残喘的寒浞从妃子的被窝里拉出来，打开城门将他献给了姒少康。姒少康下令将他处死，同时下令将寒浞一族斩尽杀绝。至此，寒浞一族彻底灭亡，夏朝得以光复。

汝艾是如何辅佐少康光复夏朝的？

汝艾，少康复国的功臣，作为少康的大将，汝艾协助少康的儿子杼，领兵攻灭了浇和豷（寒浞的儿子）两个叛乱份子，从而结束了夏初长达数十年的动乱。成为后世艾姓的祖先。

汝艾是辅佐少康中兴的著名臣子，在帮助少康攻打"过"这个方国时立下了大功。少康是夏朝的第六代君主，他的父亲相被大臣后羿剥夺了继承权而出走商丘，后被迫自杀。少康自幼立志恢复夏室王朝。长大成人之后，他联合残部，开始光复大计。其中的一个重要步骤就是消灭戈国、过国这两个实力强大的方国。而汝艾正好是帮助他实现这个计划的重要人物。

少康把攻打过国的任务交给了汝艾。过国的诸侯王是过浇，他身高力大，能弓善射，因此，在攻打过国时，汝艾并没有采取正面攻击、强打硬拼的方法，而是潜入该国，秘密进行军事活动。汝艾在过国观察地形、掌握情况的同时，用重金收买过国的重臣，打听到了不少重要信息，这其中就包括过浇和他嫂子女岐之间的奸情。汝艾在掌握这一情报之后，

开始密切关注过浇的行动,以等待时机。在过浇又一次前往女岐住处通奸时,汝艾派人入室夜袭。黑暗之中,汝艾派去的人误将女岐杀死,过浇受惊逃往荒野。由于过浇臂力惊人,又善于奔跑,因此汝艾等人无法追上他。情急之下,汝艾把猎犬放出来追他,过浇在慌乱之中跌崖身亡。过浇死后,汝艾轻而易举地攻占了过国。随后,少康派其子杼攻灭了戈国,由此结束了夏初长达数十年的动乱,终于迎来了"少康中兴"。

尽管史书关于汝艾的记载很少,但通过汝艾在攻灭过国时对战争策略的成功运用,汝艾机智勇敢、有勇有谋的优点还是生动地体现了出来。汝艾的英雄行径,使他的后被引以为荣,他们就以祖字为姓,成为艾姓,而汝艾也因此被尊为艾姓的始祖。

关龙逢为什么被称为千古谏臣第一人？

关龙逢(PáNG),陕县人,夏朝末年大臣,因苦谏夏桀而被处死。

夏王朝是我国历史上第一个奴隶制王朝,始于禹而亡于桀。夏桀是中国历史上有名的暴君。他生活奢侈,荒淫无道。他竭尽民力,修筑王宫,而且经常强迫人民去进行侵略战争。据史书记载,当时有施族部落败于夏朝,有施氏向夏桀王献了一名美女,名叫妹喜。夏桀对她很是宠爱,昼夜同她饮酒作乐,而且对她言听计从,常常为此不理朝政。

一本书知晓夏朝

国乱必出忠臣，在夏桀统治末期，出了一位彪炳史册的诤臣，他就是被誉为"死谏开先第一人"的关龙逄。史载关龙逄是个为官正派，刚直不阿，敢于犯颜直谏的大臣，就如同后世的包拯一样。

桀初登君王之位时，曾让人用黄色丝帛画出历代先王励精图治的画像，用以自勉，当时人称"黄图"。后来桀看到天下太平，便渐渐放纵起来，开始不理朝事，寻欢作乐。关龙逄看到自己辅佐的君王如此荒淫无道，痛心疾首。

在终古愤然投奔商汤之后，关龙逄冒着生命危险前去劝说夏王行善，停止"酒池肉林"的奢华行径。见到桀以后，关龙逄把绘制有古代先王功绩的"黄图"展示给他看，奉劝夏桀要像夏朝的祖先大禹、夏启、少康那样节俭爱民，克己奉公，爱惜民力，体恤民间疾苦。同时警告夏桀说，如果他依然那样任意纵欲享乐、挥霍无度，亡国灭顶之灾就在眼前。

然而，面对关龙逄的苦言相谏，夏桀却无论如何也听不进去。他一怒之下把"皇图"烧毁了。

自此之后，再也没人敢出来说真话了。这样，夏王朝里贤臣绝迹，言路闭塞，朝政一天天地腐败下去，一直到被商汤兴兵诛灭。

夏桀统治时期还发明了一种极其残酷的刑罚——炮烙之刑，即将铜柱用炭烧烫，然后让犯人在上面行走，犯人站立不稳，跌至柱上，人体就会被烙化，最后人油满地。对此，

关龙逄曾进谏说："人君谦恭敬信，节用爱人，固天下安而社稷宗庙固。今王侈靡嗜杀，民唯恐君之后亡矣！"忠言逆耳，桀根本听不进去，索性拂袖而去。

有一次，夏王桀让关龙逄陪他在瑶台观看炮烙之刑。夏桀问道："观看这种刑罚快乐吗？"关龙逄回答说："快乐！"夏桀反问道："观看酷刑为何不悲伤？"关龙逄回答说："天下人认为最苦的恰恰是君认为最乐的，我是君的臣，为何不高兴呢？"夏桀说："现在我听你说，说得对我就改正，说得不对我就对你施加酷刑。"关龙逄说："我看君头上悬着危石，脚下踏着春冰，头顶危石没有不被石覆压的，脚踏春冰没有不下陷的。"夏桀笑道："你是说国家灭亡，我要同国家一起灭亡。你只知我要灭亡，却不知你现在就要灭亡吗？我现在就很想看看你享用'炮烙之刑'时的样子！"关龙逄见夏桀已无药可救，义愤填膺，最终赴刑而死，死后葬在今灵宝市孟村村西。

关龙逄虽然遭受了"炮烙之刑"，但由于他敢于为民请命，勇于犯上死谏，千百年来一直为人们所拥戴。唐朝时，人们为关龙逄树碑，碑上刻："夏直谏臣关公之墓。"清代诗人许鹏扶写诗赞颂："肝胆空披死谏君，黄河曲里有孤坟，末绵夏祚终余恨，但殉微躯岂足云。吊古三杯田横酒，谏芳一部屈原文，慎无说坏天王圣，知是忠魂不忍闻。"民国诗人初元方也写下《关龙逄墓》一首："死谏开先第一人，千秋从此解

批鳞，空言盛世能旌善，坏土何曾表直臣。"

费昌为什么弃夏投商？

费昌，夏桀时期的大臣，曾经多次进谏夏桀。夏桀认为费昌收买人心、图谋不轨，于是下令将费昌逮捕入狱，听候处决。费昌事先获得消息，于是举家逃往商国。费昌到了商国，很受商汤重用，充当了商汤灭夏的开路先锋，在今天山东运城安邑镇的地方取得了决定性的胜利。由于在灭夏战役中功劳巨大，费昌被商汤封为诸侯，并赐姓嬴姓，成为后来春秋战国时期赵国的祖先。

费昌的祖先是皋陶的长男伯益。伯益因辅佐大禹治水，立下了汗马功劳。夏禹在治水成功后受赏时对舜说："这不是我一个人能完成的，大费（即伯益）也有功劳呀也有很大的功劳啊！"于是舜也对伯益大加奖赏，说："费呀，你帮助禹完成了这件功业，我赐给你白色的旗，以后你的子孙一定会繁荣昌盛的！"

舜出于对伯益的信任和器重，便把自己的小女儿姚氏嫁给了他，并且将他封于费，因此伯益又叫大费，或称费侯。后来费昌继承伯益之业，也为费侯，所以叫做费昌。

费昌继承部落首领之位时，正处于夏桀当政之际。夏桀当政期间，很多朝廷大臣都在荒淫无度、骄奢淫逸中度日。纵然有一些关心江山社稷、敢于犯言直谏的大臣，要么被莫须有的罪名治罪，要么被贬官革职。百姓们遭受的剥削和压

迫日益严重和残酷，夏王朝的社会矛盾和阶级斗争日益尖锐。

面对百姓日益高涨的反抗情绪，费昌很为夏王朝的前途忧虑。于是他冒着杀头的危险，多次向夏桀进谏，劝他戒奢华、轻赋税，减轻人民负担，以缓和日益尖锐的阶级矛盾。不料夏桀不但不听，反而认为费昌是在收买人心，图谋不轨，他暗中下令将费昌收监入狱，等候处决。费昌事先得到消息，于是举家逃到了正在汇集天下英雄，共商灭夏大事的商国。

夏桀统治后期，夏朝的天下已经分崩离析，朝廷政令不通，各路诸侯拥兵自重，各自为政。定居在亳（今河南商丘）地的商汤颇具治国才略，国事日益兴旺。商汤委任贤人伊尹为相，委以国政，征服了与商为敌的部落葛（今河南宁陵北），随后又先后灭掉了韦（今河南滑县）、顾（今河南范县）、昆吾氏（今河南濮阳县）三个诸侯，然后举兵西向，准备与夏桀争夺天下。费昌就是在这种形势下，避难逃到了商国。

费昌是当时颇有声望的一位贤臣，伊尹早就建议商汤与他取得联系，以便从内部瓦解夏桀的力量。如今费昌前来投奔，商汤和伊尹都无比高兴，于是立即召费昌入宫，三人连夜商讨灭夏桀的大计。随后，商汤任命费昌为商灭夏的开路先锋。费昌统兵伐夏，夏军士兵在战前纷纷倒戈，商军势如破竹，夏桀只得亲自统兵迎战。费昌率军在鸣条（今山西运

城安邑镇）大败夏桀，从而为商朝的建立立下了赫赫战功。

伊尹是如何辅佐商汤灭夏的？

商汤，子姓，名履，庙号太祖，为商太祖。商朝的创建者，今人多称商汤，又称武汤、天乙、成汤、成唐，甲骨文称唐、大乙，又称高祖乙，商族部落首领。

黄河下游有个部落叫商。传说商的祖先契曾经跟随禹一起治过洪水。后来，商部落由于畜牧业发展很快，到了夏朝末年，汤做部落首领的时候，已经发展成为一个强大的部落。

公元前16世纪，夏朝最后一个王夏桀在位。夏桀是个有名的暴君，他不仅残酷压榨老百姓，而且还大兴土木，建造宫殿，过着骄奢淫逸的生活。

忠诚耿直的大臣关龙逢劝说夏桀。夏桀竟然勃然大怒，把关龙逢处死了。而且夏桀自诩为太阳，认为自己永远不会毁灭。百姓恨透了夏桀，诅咒说："你这个太阳什么时候才会灭亡，我们宁愿跟你同归于尽。"

商汤看到夏桀荒淫无道，决心兴商灭夏。他表面上对夏桀服从，暗地里不断扩充自己的实力。商部落附近有一个部落叫葛，那儿的首领葛伯不按时祭祀。在当时，部落的贵族都是迷信鬼神的，把祭祀天地祖宗看成最要紧的事。因此汤派人去质问葛伯。葛伯回答说："我们这儿穷，没有牲口作祭品。"于是汤送了一批牛羊给葛伯作祭品。葛伯竟然把牛羊

杀掉吃了。汤又派人去责问,葛伯反问说:"我没有粮食,拿什么来祭呢?"于是汤又派人去帮助葛伯开荒垦田,并且派一些老弱妇孺给耕作的人送去酒饭。不料在半路上,葛伯把那些酒饭都抢走了,还杀死了一个送饭的小孩。

葛伯的所作所为,激起了大家的公愤。于是汤出兵把葛伯的部落消灭了。接着,汤又连续攻取了附近几个部落。商汤的势力正一步步地扩大,但这并没有引起夏桀注意。商汤的妻子带来的陪嫁奴隶中,有一个名叫伊尹的人。传说伊尹刚到商汤家的时候,只是做了个厨司,服侍商汤。后来,商汤逐渐发现伊尹跟一般奴隶不同,于是就和他交谈,这才知道伊尹是故意装扮成陪嫁奴隶来找汤的。伊尹向汤阐述了很多治国的道理,汤觉得他颇具治国之才,于是立即提拔伊尹为他的助手。商汤和伊尹商量讨伐夏桀的事。伊尹说:"现在夏桀还有力量,我们先不去朝贡,试探一下,看看他有什么反应。"

商汤依照伊尹的计策,停止向夏桀进贡。夏桀果然大怒,命令九夷发兵攻打商汤。伊尹看到夷族还服从夏桀的命令,于是赶紧向夏桀请罪,重新恢复了进贡。

又过了一年,九夷中一些部落因无法忍受夏桀的压榨勒索,逐渐叛离了夏朝,于是汤和伊尹决定把握时机大举进攻。

汤和伊尹经过一番商量,决定召集商军将士,由汤亲自

向大家誓师。汤说："不是我要进行叛乱，实在是因为夏桀作恶多端，消灭他是上天的意旨，我不敢不听从天命啊！"

商汤借助上天的意旨来动员和鼓舞将士，再加上将士们早已恨透了夏桀，因此，他们作战非常勇敢。夏、商两军在鸣条（今山西运城安邑镇北）展开决战，结果夏军大败。

最后，夏桀逃到南巢（今安徽巢县西南），汤追到那里将他活捉，并把他流放在南巢，一直到他死去。这样，夏朝就被新建立的商朝代替了。由于古代统治阶级把改朝换代说成是天命的变革，因此历史上把商汤伐夏称为"商汤革命"。

著名事件篇

"后羿射日"是怎么一回事？

传说世界年轻时，天空曾一齐出现了十个太阳。他们的母亲是东方天帝的妻子。她经常把十个孩子放在世界最东边的东海洗澡。洗完澡后，这十个孩子就像小鸟一样栖息在一棵大树上，由于每个太阳的中心是只鸟。九个太阳栖息在长得较矮的树枝上，另一个太阳则栖息在树梢上，每夜一换。

当黎明来临时，栖息在树梢的太阳便坐着两轮车穿越天空。十个太阳每天一换，轮流穿越天空，从而给大地万物带去光明和温暖。

那时候，人们在大地上生活得非常幸福、和睦。人类与动物像邻居和朋友那样生活在一起。动物将它们的后代放在窝里，不必担心人类会伤害它们。农民把谷物堆在田野里，不必担心动物会把它们偷走。人们按时作息，日出而作，日落而息，生活和谐、美满。人和动物彼此以诚相待，彼此互相尊重。那时候，人们感恩于太阳给他们带来了时辰、光明和幸福。

突然有一天，这十个太阳突发奇想：要是他们一起周游天空，肯定很有趣！于是，当黎明来临时，十个太阳一起爬上车，踏上了穿越天空的征程。这下可酿成了大祸，大地上的人们和万物都遭殃了：十个太阳一起放出的热量烤焦了大地，烧着了花草树木，烧死了很多动物，那些在大火中没被

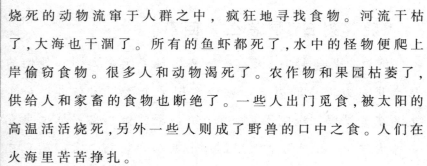

烧死的动物流窜于人群之中，疯狂地寻找食物。河流干枯了，大海也干涸了。所有的鱼虾都死了，水中的怪物便爬上岸偷窃食物。很多人和动物渴死了。农作物和果园枯萎了，供给人和家畜的食物也断绝了。一些人出门觅食，被太阳的高温活活烧死，另外一些人则成了野兽的口中之食。人们在火海里苦苦挣扎。

这时，有个年轻英俊的英雄叫做"后羿"，他是个神箭手，箭法超群，百发百中。他看到人们生活在这样的苦难之中，便决心帮助人们脱离苦海，将那多余的九个太阳射下来。

于是，后羿爬过了九十九座高山，迈过了九十九条大河，穿过了九十九个峡谷，来到了东海边。他登上了一座大山，山脚下便是茫茫大海。后羿拉开了万斤力弓弩，搭上千斤重利箭，瞄准天上火辣辣的太阳，"嗖"地一箭射去，第一太阳被射落了。后羿又拉开弓弩，搭上利箭，"嗡"地一声射去，同时射落了两个太阳。如此一来，天上还有七个太阳瞪着红彤彤的眼睛。后羿感到这些太阳仍然很焦热，于是又狠狠地射出了第三枝箭。这一箭射得很有力，一箭就射落了四个太阳。其余的太阳吓得全身打颤，团团旋转。就这样，后羿一枝接一枝地把箭射向太阳，一共射掉了九个太阳，直到最后只剩下一个太阳。

然而，这最后一个太阳害怕极了，他在天上摇摇晃晃，慌慌张张，很快就躲进大海里去了。

天上没了太阳，立即变成了一片黑暗。地球万物得不到阳光的哺育，毒蛇猛兽肆虐横行，人们无法生存下去了。于是他们纷纷请求天帝，唤第十个太阳出来，让人类万物繁衍下去。

一天早上，东边的海面上，透射出五彩缤纷的朝霞，接着一轮金灿灿的太阳露出了笑脸！

人们看到了太阳的光辉，兴奋得手舞足蹈，齐声欢呼。从此，这个太阳每天从东方的海边升起，挂在天上，温暖着世间万物。

"后羿"因为射杀太阳，拯救了万物苍生，功劳盖世，被天帝赐封为天将。后与仙女嫦娥结为夫妻，生活得十分幸福。

大禹是如何完成治水的伟大功业的？

在我国的很多地方都有关于大禹的遗迹和传闻：安徽怀远县境内有禹墟和禹王宫；陕西韩城县有禹门；山西河津县城有禹门口；山西夏县中条山麓有禹王城址；河南开封市郊有禹王台；禹县城内有禹王锁蛟井；湖北武汉龟山东端有禹功矶；湖南长沙岳麓山巅有禹王碑……这些遍布中国的大禹遗迹，记录的是大禹的丰功伟绩，寄托的是人们的思念。大禹是我国古代伟人中备受人们敬仰和爱戴的一个。

大禹姓姒，名文命，因治水有功，后人俗称他为大禹，即"伟大的禹"之意。

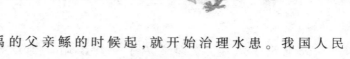

从大禹的父亲鲧的时候起，就开始治理水患。我国人民同洪水搏斗的古老故事，就是从鲧开始的。

相传距今四千多年前，即尧、舜相继掌权的传说时代，也是我国从原始社会向奴隶社会过渡的父系氏族公社时期。那时候，生产能力非常低下，生活条件极其艰苦，有些大河每隔一年半载就要闹一次水灾。有一次，黄河流域发生了特大水灾，洪水横流，滔滔不息，房倒屋塌，土地被淹，五谷不收，饿殍遍野。活着的人们只好逃到山上去躲避。

部落联盟首领尧，为了解除水患，召开了部落联盟会议，请各部落首领共商治水大计。尧问大家："水灾无情，请大家考虑一下，派谁去治水呢？"大家公推鲧去办理。尧不赞成，说："鲧为人很任性，可能办不成大事的。"尽管如此，首领们还是坚持让鲧去试一试。按照当时部落的习惯，如果部落联盟首领的意见与大家意见不一致，首领必须听从大家的意见。因此，尧只好采纳大家的建议，勉强同意让鲧去治水。

鲧到来治水的地方以后，沿用了过去传统的水来土掩的方法治水，即用土筑堤，堵塞漏洞的办法。他把人们活动的地区搞了个像围墙似的小土城，如果洪水涨高，就不断加高加厚土层。但是由于洪水凶猛，不断冲击土墙，结果弄得堤毁墙塌，洪水反而更加凶猛了。鲧治水九年，劳民伤财，结果一事无成，没有把洪水制服。

舜接替尧做部落联盟首领之后，亲自巡视治水情况。他

看到鲧对洪水束手无策，耽误了大事，就降罪于鲧，把他处死在了羽山（神话中的地名）。随后，他又命鲧的儿子禹继续治水，还派商族的始祖契、周族的始祖弃、东克族的首领伯益和皋陶等人前去协助。

大禹领命以后，首先寻找了以前治水失败的教训，接着就带领契、弃等人和一些徒众助手一起跋山涉水，把水流的源头、上游、下游基本考察了一遍，并在重要的地方堆积一些石头或砍伐树木作为标记，便于治水时作参考。这次考察非常辛苦。据说有一次他们走到山东的一条河边，突然狂风大作，乌云滚滚，电闪雷鸣，大雨倾盆，紧接着山洪暴发了，一下子卷走了很多人。有些人在咆哮的洪水中淹没了，有些人在翻滚的水流中失踪了。大禹的徒众受了惊骇，因此后来有人就将这条河叫做徒骇河（在今山东禹城和聊城县一带）。

考察完毕，大禹对各种水情作了认真研究，最后决定用疏导的方法来治理水患。大禹亲自率领徒众和百姓，带着简陋的石斧、石刀、石铲、木耒等工具，开始治水。他们一心扑在治水上，风餐露宿，风里来雨里去，辛勤而扎实地劳动着。特别是大禹，起早贪黑，兢兢业业，腰累疼了，腿累肿了，依然不倦不怠。

据考证，当时大禹治水的地区，大约在今天的河北东部、河南东部、山东西部、南部，以及淮河北部。一次，他们来到了河南洛阳南郊。这里有座大山，属秦岭山脉的余脉，

一本书知晓夏朝

一直延续到中岳嵩山，峰峦奇特，巍峨雄姿，犹如一座东西走向的天然屏障。高山中段有一个天然缺口，涓涓的细流就由隙缝轻轻流过。但是，特大洪水暴发时，河水就被大山挡住了去路，在缺口处形成了漩涡，奔腾的河水威胁着周围百姓的安全。大禹决定集中治水的人力，在群山中开道。坚硬的大山损坏了一件件石器、木器、骨器工具。人的损失更大，有的被山石砸伤了，有的在上山时摔死了，有的被洪水卷走了。但是，他们仍然毫不动摇，坚持劈山不止。在这艰辛的日日夜夜里，大禹的脸晒黑了，人累瘦了，甚至连小腿肚子上的汗毛都被磨光了，脚趾甲也因长期泡在水里而脱落，但他依然操作着、指挥着。在他的带动下，治水进展神速，大山终于豁然屏开，形成两壁对峙之势，洪水由此一泻千里，向下游奔去，江河从此畅通无阻。

大禹用疏导的方法治水获得了成功。原来，黄河水系有主流、支流之分，如果把主流加深加宽，把支流疏通，与主流相接，这样就可以使所有支流的水，都归于主流。同时，他们把原来的高处培修使它更高，把原来的低地疏浚使它更深，便自然形成了陆地和湖泽。他们把这些大小湖泽与大小支流连结起来，洪水就能畅通无阻地流向大海了。

大禹指挥人们花了 10 年左右的功夫，凿了一座又一座大山，开了一条又一条河渠。他公而忘私，据说大禹几次路过家门，都没有进去。第一次，他的妻子生了病，他没进家去看望。第二次，妻子怀孕了，他也没进家去看望。第三次，妻

子生下了儿子启，婴儿正在哇哇地哭，禹在门外经过，听见哭声，也强忍着泪水没进去探望。他把整个身心都放到开山挖河的事业中了。

治水成功以后，大禹来到茅山（今浙江绍兴城郊），召集诸侯，论功行赏，还组织人们利用水土去发展农业生产。他叫伯益把稻种发给百姓，让他们在低温的地方种植水稻；又叫后稷教大家种植不同品种的作物；还在湖泊中养殖鱼类、鹅鸭，种植蒲草，水害变成了水利。伯益又改进了凿井技术，使农业生产有了较大的发展，四处出现了五谷丰登、六畜兴旺的繁荣景象。

大禹因治水有功，被大家推举为舜的助手。过了17年，舜去世，禹继任部落联盟首领。后来，大禹的儿子启创建了我国第一个奴隶制国家——夏朝，因此，后人也称大禹为夏禹。

大禹治水，为民造福，永远受到华夏子孙的敬仰和称颂，大禹刻苦耐劳的精神，永远是炎黄后裔的楷模。

"涂山之会"是怎么一回事？

大禹治水，可谓艰苦卓绝，在治水的同时，还要打仗。大禹时期，共进行了两次具有决定意义的战争，即与共工和三苗的战争。

共工氏在大禹之前治水失败了，他心生嫉妒，不愿看到大禹治水成功，于是千方百计地将洪水引向大禹所在的治

水工地——空桑山（现在的山东曲阜）。空桑山被淹没之后，治水工程不得不暂时停下来。

当时，涂山氏拥有强大的军事力量，在中原各方国中势力最强。皋陶是涂山氏的首领，禹任命皋陶为刑官，因此两族结成了牢固的政治联盟。据《尚书·舜典》记载：帝舜之时，禹为司空，皋陶作士，伯益为虞。禹即帝位以后，皋陶、伯益成为禹的左膀右臂，涂山氏遂成为大禹最倚重的力量。为了进一步获得涂山氏的支持，大禹便携同妻子女娇（属于涂山氏），在涂山召开了紧急军事会议，准备与共工决一死战。正是涂山之会，确立了禹天下共主的地位。去朝见禹的人手里都拿着玉帛，仪式非常庄严隆重。会议开始后，有个叫汪芒氏方国的部落首领防风氏，被共工收买了，他故意怠慢大禹的命令。大禹当机立断，当即在会上杀了防风氏，以儆效尤。这足以说明，那时候的禹已经由一个部落联盟首领变成了名副其实的国王。这使得其他所有方国的首领深感恐惧，他们纷纷表示服从大禹的指挥。随后，共工很快被大禹打败，但共工的臣子相柳仍然不服气，妄图继续顽抗。相柳为人贪婪，平素经常抢夺百姓的粮食，百姓形容他长了9个脑袋，每次都要吃掉9座山高的食物。于是大禹又领兵继续讨伐，并且一战将相柳杀死了。共工自知不是禹的对手，于是仓皇逃走了。

涂山大会，大禹论功行赏，对有功者封赏，对作恶者惩罚。他还任命皋陶为相，封女娇为后妃。把启留在涂山氏国

培养，以继续获取妻族的支持。为了纪念治水成功，禹用当时天下九州出产的铜铸了九个鼎，并在鼎上雕铸奇兽异禽来象征九州，九鼎因此成为后来国家政权的象征。

不久，大禹又指挥了对三苗的最后战争。这是大规模的武力征伐，通过这些征伐战争，大禹的王权得到了进一步巩固和加强。

蚩尤是九黎部落的酋长，分为九派，也称作"九黎"，即后来的"三苗"，最早生活在黄河流域，与黄帝争锋失败被杀。颛顼、帝喾时期，"九黎"乘共工与颛顼、帝喾争夺帝位时迅速强大起来。颛顼曾多次击败三苗；到了尧、舜时代，三苗再度兴起，并且对华夏部族时叛时降。

禹继任华夏部落联盟首领之后，三苗再度挑起事端。为了进一步扩大原始居民的生存空间，统一长江中下游地区，禹决定对三苗进行一次大规模的征伐，以彻底将其击垮。禹出兵之前，在祖庙举行了一次隆重的祭祀上天和祖先的仪式。然后率军出征，并且很快平定了三苗叛乱。此后，三苗逐渐衰微。

禹征服三苗，统一了长江流域，此后一段时期，华夏大地出现了罕有的太平盛世局面。

禹在确立王权之后，即在有崇部落所在地——嵩山之阳建立了阳城（河南登封县告成镇）作为都城。后又迁都阳翟（河南禹县）。根据史书记载，当时已经有了军队、官吏、刑罚、监狱等公共权力，这说明我国在当时已经具备了早期的

国家形式。

　　禹到了晚年，原本打算将王位禅让给皋陶，可惜皋陶先禹而死。按照禅让制的原则，禹推荐皋陶的儿子伯益作为继承人。并且召集各部落首领到苗山（今浙江省绍兴）集会，征询各部落首领的意见。大家如期到会，并且向禹呈献了各自的贡物。禹下令将贡物计算清楚，由此，后人便将苗山改称为会稽山。大禹死后，他的儿子启继承王位，从而废除了禅让制，取而代之实行父传子的王位继承制，这遭到了伯益的强烈反对。经过战争，伯益兵败被杀，夏启建立了夏朝。众多邦国首领都到阳翟朝会，启在钧台（今河南禹州境内）举行宴会，这就是历史上著名的钧台之享。但是夏王朝内部的贵族有扈氏由于反对夏启破坏了禅让制，拒绝赴会。于是启便动用军队镇压了有扈氏的叛乱，从而巩固了夏王朝的统治。

大禹是怎样攻伐三苗的？

　　三苗的侵扰，是远古时期比较严重的边患。少昊、颛顼的时候，三苗继续作乱，尧、舜曾经领兵征讨，三苗只是暂时臣服，然后复叛，反反复复，后来一直到大禹时代，三苗叛乱才最终被平服。

　　在中原华夏部落联盟的南部地区，有一个地域辽阔、人口众多的"三苗"部落联盟。这个部落联盟由三支苗族的氏族部落组成，也称"有苗"。三苗所处之地大致包括今湖南、江西二省的大部和湖北的东南部、安徽的西南部。史书上称

三苗左有彭蠡，即今江西鄱阳湖；右有洞庭，即今湖南洞庭湖；南有文山，在今江西吉安县东南；北有衡山，在今安徽霍山县西南。因此，三苗之地地势复杂，易守难攻。也正因为如此，它便不服从中原部落联盟的领导，屡屡反叛，成为南方地区一股顽固的对抗势力。

在尧、舜执政时期，三苗对中原部落联盟时叛时服，冲突不断。据说有一次，有苗叛乱，禹打算发兵攻伐，舜制止说："不可以。我们自己德义浅薄，反而要用武力去征伐人家，这是不道德的事。"于是舜一方面对三苗以道德进行教化，另一方面加强练兵，增强军威。三苗在舜的文教感化和武力威慑下，暂时归顺服从。后来，三苗与放逐到那里的丹朱（尧的儿子）联合发动叛乱，结果被舜制服，舜把三苗中的首恶分子流放到"三危"（今甘肃敦煌一带）。尽管如此，三苗中与华夏部落联盟对抗的反叛势力并未因此清除。到禹登上帝位之后，这股反叛势力再度崛起，气焰更加嚣张。

民间盛传，在三苗发动叛乱的那些日子里，三苗聚居的地区妖魔四起，天生异象，太阳在晚上出来，连续下了三天血雨，炎热的夏季突然冰冻，大地开裂涌出泉水，弄得百姓惊恐万分。面对三苗来势汹汹的叛乱，大禹决定进行一次大规模的攻伐。

禹在攻伐三苗之前，做了大量的准备工作。他首先召集各路诸侯，命他们出兵支援这次讨伐行动。然后在"玄宫"祖庙举行了隆重的祭祀典礼：先祭祀天神，再祭祀祖先，祈求

平安和胜利。祭祀完毕，禹又举行了誓师大会。禹在大会上手握"玄圭"，象征奉天之命，对参加这次战争的官员、士兵以及各路诸侯发布出师令。他说："各级官吏，各地诸侯，广大的士兵民众，都恭听我的命令。那愚蠢的有苗族首领，心志迷乱，不听教化，屡次发动叛乱，不把天神放在眼里。在三苗地区，政治腐败，道德沦丧，秩序败坏，君子受迫，小人当道，人民百姓怨声载道。现在上天降罪，必须惩治这些元凶。我奉天应命，带领你们这些英武的军士，前去伐罪他们。你们要戮力同心，勇往直前。凡攻克有功者，必予以重赏。"

誓师完毕，大军浩浩荡荡南下，直逼三苗族聚居的洞庭湖、鄱阳湖一带。禹率大军进入三苗地区后，三苗族也派军前来抵御。由于禹军装备精良，训练有素，而三苗军只是一些乌合之众，犹如散兵游勇，所以战斗一开始，三苗军明显处于劣势。禹采取"射人先射马，擒贼先擒王"的策略，先将三苗的酋长射死。三苗军丧失主帅，群龙无首，顿时阵脚大乱，纷纷四散溃逃。这场战争遂以大禹的胜利和三苗的失败宣告结束。

三苗部落联盟土崩瓦解，大部分三苗族人开始向南退却，一小部分逃向北方、东方以及西南方。这些苗民逃到各地之后，逐渐融合到其他氏族、部落中去，还有一些被俘虏，沦为奴隶。向南和向西南迁移的三苗族，有些仍然保留着聚居的状态和本族的风俗习惯。有些人认为，分布在今湖南、广西、广东以及云南、四川、贵州等地的苗族，就是由上古的

三苗部落联盟演变而来的。

禹对三苗攻伐的胜利，使原来三苗族的聚居地变为了夏国的领土。这一地区内的氏族、部落及其民众，就变成了夏王朝的国民。夏王朝直接统辖的疆域进一步扩大了。以禹为首的夏朝统治集团，在这次战争中俘虏了很多苗民作奴隶，同时掠夺了大量的财富供统治阶级享用。这就为奴隶制的产生和发展提供了物质基础和劳动力资源。此次征伐的胜利，还使夏国的声威大振，西戎、北狄和东夷的很多氏族部落，都纷纷来朝，表示归附。此后，夏、商、周三代，再也没有听说三苗叛乱的事。南方社会秩序安宁，百姓安居乐业，出现长期稳定的局面，这也是大禹的一大功绩。

夏禹先治平水患，又征服三苗，功高德广，因此被后世尊称为"大禹"。

"女娇化石"的传说是怎么一回事？

大禹与妻子女娇举行了婚礼之后，在家中仅仅停留了4天，就外出治水去了。女娇追随大禹，也在附近的安邑安了家，以便于照顾大禹的饮食起居。那几天工程正处于关键时期，为了早日结束原始居民的哭声，赢得打通轩辕山战役的胜利，将奔流肆虐的洪水引入大海，大禹不得不衣宵食旰（指天未明就穿衣起身，天黑了才进食），吃住都在工地。于是大禹便与女娇约定，为了抢时间，在工地上设张鼓，女娇听到鼓声就来送饭，否则就不要来。

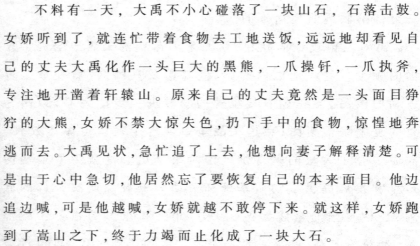

一本书知晓夏朝

不料有一天，大禹不小心碰落了一块山石，石落击鼓。女娇听到了，就连忙带着食物去工地送饭，远远地却看见自己的丈夫大禹化作一头巨大的黑熊，一爪操钎，一爪执斧，专注地开凿着轩辕山。原来自己的丈夫竟然是一头面目狰狞的大熊，女娇不禁大惊失色，扔下手中的食物，惊惶地奔逃而去。大禹见状，急忙追了上去，他想向妻子解释清楚。可是由于心中急切，他居然忘了要恢复自己的本来面目。他边追边喊，可是他越喊，女娇就越不敢停下来。就这样，女娇跑到了嵩山之下，终于力竭而止化成了一块大石。

由于自己的疏忽，自己的妻子女娇竟然变成了一块石头，大禹为此心急如焚。大禹的部属闻讯赶来，也都禁不住唏嘘慨叹。然而细心的伯益却发现，女娇的石像中传来空洞的声音，原来女娇已经怀孕了。大禹看到自己的妻儿俱化为石头，更是悲痛不已，他对石头喊道："还我儿子。"石像的肚腹应声而开，一个男婴就此降临人世。由于是启石而生，天赋异秉，他的名字便叫做"启"，他就是未来中国第一个奴隶制王朝的开创者夏启。

大禹开凿轩辕山，丧妻得子的故事见于《汉书·武帝纪》颜师古注引《淮南子》："禹治洪水，通轩辕山，化为熊。谓涂山氏曰：欲饷，闻鼓声乃来。禹跳石，误中鼓，涂山氏往，见禹方作熊，惭而去。至嵩高山下，化为石，方生启。禹曰：归我子！石破北方而启生。"

那么，大禹为何会变成一头黑熊呢？对此，《楚辞·天问》

里屈原问道:"焉有龙虬,负熊以游?""龙虬"指大禹,"熊"指鲧。鲧腹生禹,那么禹变成大熊也是可能的了。

此后,大禹用了13年的时间,疏通了河道,治理了湖泊,洪水按部就班由高处流入低处,从湖里流入江河,最后汇入了大海。之后,一片片土地露出水面,人们又重新回到陆地生活,修建房屋,种植庄稼,驯养家畜,过上了安定祥和的生活。

在历时13年的治水过程中,大禹的足迹遍布中华大地的山山水水。从西岳华山、积石山到东岳泰山、黄河之滨,从北岳恒山、寒谷关(今北京密云县西南)到南岳衡山、交趾(今越南),先后疏通了长江、黄河、淮河、汉水、渭水、济水、洛水、黑水(源于今甘肃省西部,注入哈拉海)、弱水(源于今青海省北部,流入居延海)等河流。这些河流,除济水后来改道而成为黄河的一部分外,其余大河至今仍然奔流不息,滋养着灿烂的中华文明。

禹即天子之位以后,曾两次会盟诸侯,所选的盟址一次是涂山,另一次是在会稽山。禹之所以将第一次诸侯会盟大会的地址选在涂山,就有报答妻子部族之意。为了纪念女娇夫人,至今嵩山南麓依然建有启母阙。

三苗是如何衰微的?

在中国传说里,"三苗"是黄帝到尧舜禹时期的古族名,也称"苗民"、"有苗"。主要居住在洞庭湖(今湖南北部)和

彭蠡湖（今江西鄱阳湖）之间，也就是长江中游以南一带。

　　黄帝时期，三苗部落参加过九黎的部落联盟，因此有的文献说三苗属于"九黎之后"。帝尧时期，三苗作乱，尧发兵征讨，在丹水（今丹江）大败三苗。三苗可能就在这时参加了尧的部落联盟，成为"尧臣"。后来，三苗不服，又多次举兵叛乱，于是尧将他们的一部分人众流放到西北的三危山，将其首领驩（huān）兜流放到崇山。舜继尧做了部落联盟首领以后，三苗仍然不服，于是舜整军振旅，以军威震慑三苗，结果没有经过战争就臣服了三苗。禹继任部落联盟首领之后，三苗继续不服，禹与三苗进行了一场历时70天的大战，最后大败苗师，自此，三苗逐渐衰微下去。

　　当禹的夏部落联盟跨入奴隶社会时，三苗已有了"君子"、"小人"之分，开始有了阶级分化。有的文献记载，三苗"惟作五虐之刑"，最早发明了刑罚。三苗有"髽（zhuā）首"的习俗，即把麻和头发合编成结。

　　在历次战争中，很多苗民沦为奴隶，被强制劳役。这些苗民的后裔，也是形成汉族的先民之一。《六韬》上说："尧伐有苗於丹水之浦"，而《吕氏春秋·召类》则说为"尧战丹水以服南蛮"。由此可见，三苗又被称为南蛮，夏商以后便统一用"蛮"来进行记述，而关于"三苗"的记载也很少再出现。也有学者认为古书中的三苗本在北方，与后世的南蛮无关。

　　随着考古学的发展，越来越多的人认为，三苗很可能就

是天门石家河文化的主人。他们在长江中游建立了巨大的城市，宗教、水利设施异常发达。大约在公元前2000年，该文化被中原龙山文化所取代。

夏朝是如何建立的？

尧在位的时候，黄河流域发生了严重的水灾，庄稼被淹没，房子被冲毁，老百姓只好往高处搬。毒蛇猛兽也伺机出来伤害人和牲口，人民为此叫苦不迭。

尧召开部落联盟会议，商量治水的问题。他征询四方部落首领的意见：派谁去治理洪水呢？首领们都推荐鲧。尧对鲧不怎么信任。首领们坚持说："现在没有比鲧更强的人才啦，就让他试一下吧！"尧这才勉强同意。

鲧花了九年时间治水，结果毫无成绩。因为他只懂得水来土掩，造堤筑坝，结果洪水冲塌了堤坝，水灾反而闹得更凶了。

舜接替尧做了部落联盟首领以后，亲自到治水的地方去考察。他发现鲧办事不力，就把鲧杀了，接着让鲧的儿子禹去治水。

禹改变了父亲的做法，用开渠排水、疏通河道的方法，把洪水引到大海里去。经过十三年的努力，禹终于把洪水引到大海里去了，地面上又可以重新种庄稼了。

舜晚年的时候，也和尧一样，物色继承人。由于禹治水有功，大家都推选禹。舜死之后，禹就继任了部落联盟首领。

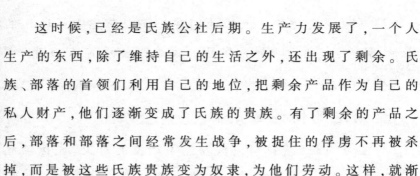

一本书知晓夏朝

　　这时候，已经是氏族公社后期。生产力发展了，一个人生产的东西，除了维持自己的生活之外，还出现了剩余。氏族、部落的首领们利用自己的地位，把剩余产品作为自己的私人财产，他们逐渐变成了氏族的贵族。有了剩余的产品之后，部落和部落之间经常发生战争，被捉住的俘虏不再被杀掉，而是被这些氏族贵族变为奴隶，为他们劳动。这样，就渐渐形成奴隶和奴隶主两个对立阶级，氏族公社开始瓦解。

　　由于禹在治水过程中功高德厚，提高了部落联盟首领的威信和权力。传说禹年老的时候，曾经到东方视察，并且在会稽山（在今浙江绍兴一带）召集众多部落的首领。去朝见禹的人手里都拿着玉帛，仪式非常隆重。有一个叫防风氏的部落首领，到会最晚。禹认为这是对自己的不尊敬，于是下令把防风氏杀了。这说明，那时候的禹已经从部落联盟首领变成名副其实的国王了。

　　禹原来有个助手叫做皋陶，曾经辅助禹治理政事。禹到了晚年，便四处查访，决定推举夷人首领皋陶为继承人。但是皋陶却先他而死，于是禹决定立皋陶的儿子伯益为继承人。但是当禹死后，部落联盟中一些有权势的大家族却拥立禹的儿子启继位，竭力反对伯益继位。启趁动乱之机杀死了伯益，夺得了王位，从而建立了夏朝。以前的"禅让"选举制度从这个时候遭到破坏，代之以"家天下"的王位世袭制。自此以后，"禅让"制变成了"世袭制"，"公天下"变成了"家天下"。

　　王位世袭制的确立，是社会走向奴隶制的重要标志之一，这是中国历史上一场重大的社会变革。夏部落中的同姓邦国有扈氏反对世袭制，起兵反对夏启，启亲率大军进行讨伐，双方在甘（今陕西户县）展开大战，有扈氏战败后，启将他的部落全部诛杀。于是众多邦国首领都到阳翟朝会，启在钧台（今属河南禹县）召开诸候大会。这就是历史上有名的"钧台之享"，此举更进一步巩固了新王权。随着王位世袭制的确立，以国王为中心的国家机构体制逐渐建立起来。

　　为什么到启的时候，会发生这么重大的社会变革呢？这并不是偶然的，而是私有制发展的必然结果。

　　当时，随着氏族部落间掠夺战争的加剧，越来越多的俘虏变成了奴隶。在氏族内部，由于私有制的发展，耕地逐渐被分配到各个家庭使用。一夫一妻的小家庭开始成为社会的经济单位。在这种情况下，富有家庭的家长们，为了得到更多的财富，开始掠夺本氏族成员占有的生产资料。社会财富日益集中到少数人手里。这些部落首领和富有家庭的家长逐渐变为奴隶主。而大多数人则丧失了生产资料，成为平民或游民，有的被迫为奴隶主劳动，沦为奴隶。由此，社会上形成了奴隶和奴隶主两大对抗阶级。奴隶是奴隶主贵族的私有财产，可以随意地打骂、杀害，甚至当成商品进行交换。私有制确立之后，贵族们的财富和奴隶也理所当然地传给子孙后代。

　　经济基础的这种变化，必然引起上层建筑的变革。禹在

位的时候，部落联盟的民主被专断所取代，由此可见，所谓"公天下"已经名存实亡了。

禹在对外战争中，不断获得胜利，俘获了很多奴隶和财富。这时候他的儿子启势力已经很大。他看到父亲担任部落联盟首长，生活富裕而且很有权势，就想继承这个职位。夏部落的多数奴隶主贵族，也都不愿意把这个权力让给别的部落。禹死之后，启便在夏部落奴隶主贵族的支持下，废除了禅让制度，继承了父亲的职位。

在当时的历史条件下，世袭制是比禅让制更具有进步意义的新制度。但它也必然会遭到旧势力的种种阻碍。有个叫有扈氏的部落，为了继续维护禅让制度，起兵反启，很快就被启镇压了。有扈氏的子孙被罚做牧奴。启为了镇压奴隶们的反抗，打击旧势力，巩固奴隶制的世袭制，把原来的部落联盟机构变成专政机关，第一个奴隶制国家——夏朝就这样诞生了。

为什么说夏朝是我国奴隶社会的开始？

之所以说夏朝是我国奴隶社会的开始，主要有以下几方面的原因：

1.生产力状况

夏朝已经出现沟洫灌溉系统和造酒业，手工业产品除陶器、玉、贝和铜器外，夏代后期已经出现了青铜器，在偃师二里头已经发现夏代冶铸青铜的遗址，出土的青铜器小型工

具主要有刀、锥、凿、锛、鱼钩等；武器主要有戈、戚(合)、簇(矢)等；酒器主要有盉、爵等。其中有一件铜爵，含铜92%，锡7%，说明它的确是一件青铜制品(铜锡合金)。当时能以青铜作矢簇，说明夏朝的青铜产量已经相当可观，青铜的冶铸在全国各地都有一定程度的发展。由此可见，夏朝的生产力水平已经达到了一个相当的高度。

2. 生产关系与阶级构成

早在大汶口文化中晚期的父系氏族社会后期，中国社会已经产生了贫富分化的现象。到了夏代，阶级终于出现了。奴隶和奴隶主是奴隶社会的两大对立阶级，除此之外，还有一个平民阶层。奴隶主要是由氏族部落之间彼此掠夺战争中得到的俘虏转化而来的，也有一些氏族公社的社员因贫苦而沦为奴隶。在夏代，奴隶名目繁多，从事农业生产的叫"民"、"黎民"、"众人"、"众"，从事畜牧业的叫做"牧竖"或"隶圉"，奴隶主的家内奴则称为"臣"(男性)和"妾"(女性)。他们都担负着常人无法想象的沉重劳动，被奴隶主看成是会说话的工具，没有姓氏可言。奴隶处于奴隶社会的最底层，他们的命运是极其悲惨的。奴隶主大多是父系社会末期的氏族贵族和部落首领转化而来的。他们在交换中夺取了大量的财富，在战争中扩大了权力，最终转变为占有全部生产资料和完全占有生产者本身的奴隶主阶级，成为全社会的统治者，上古文献中记载的"百姓"指的就是这一阶级，因为只有他们才有资格保持自己由图腾崇拜而来的姓氏，

并掌握着奴隶们的生死大权。平民是奴隶与奴隶主两大对抗阶级外的一个中间阶级，他们大部分是由各级贵族疏远的宗族成员或原来的氏族公社成员形成的，尽管他们还保有"自由民"的身份，但同样是各级贵族的属民，要受奴隶主的剥削和压迫。在奴隶社会时期，平民阶层的人数很多，作用很大，而且大多数居住在都邑之内，后被称为"国人"。

3. 国家机器初具规模

中国最早的国家机器与世界上其他国家是一样的，是由部落联盟组织演变而来的。但它与部落联盟组织有着质的区别：（1）国家主要是按地域来划分其国民的，而部落联盟主要是按血缘关系来划分其居民的，夏禹按照洪水退去后的自然区域，将中国划为"九州"，即所谓"芒芒禹迹，划为九州"（《左传》襄公四年），这已经冲破了血缘的规制。实际上夏人的主要活动区域在今河南、陕西、山西三省境内。（2）"国家的本质特点是和人民大众分离的公共权力"（恩格斯），国家主要设有常备军、刑法、监狱和官吏等。禹攻伐三苗时，他的部队已经"济济有众"（《墨子·兼爱下》引《禹誓》），初具军队规模，启在讨伐有扈氏时曾向他的部队宣布严厉的军纪（《尚书·甘誓》），后来少康又能以"一族兴夏"，证明夏的常备军是非常强大的。《尚书·吕刑》谈到刑法起源时说："苗民弗用灵（命），制以刑"，这说明禹攻伐三苗时已经有刑法。《左传·昭公六年》说："夏有乱政，而作禹刑"，据此，"禹刑"应应该是我国历史上第一部奴隶制法典。另外，

夏代还设有监狱，称为"夏台"、"圜土"，夏桀曾经说过："吾悔不遂杀汤于夏台。"随着阶级斗争的发展和奴役其他部落的需要，夏朝已逐渐形成了一整套行政管理机构和官僚集团。《世本》称："夏后氏百官"，《礼记·明堂记》记载夏朝有六卿、牧正、庖正、车正等官职名称，《尚书·立政编》还将夏代官吏分为三大类：宅事、（中央官、宅牧（地方官）、宅准（祭祀官），而且认为"三宅"是夏、商、周三代相袭的制度。夏朝官僚集团的"老大"便是夏王，第一个夏王就是禹，禹本来是"禅让制"推选出来的部落联盟首领，当时由于生产部门的分工、交换关系的发展以及私有财产和私有观念的形成，氏族、部落、部落联盟首领的权力逐步扩大，为了巩固权力，扩大势力，禹曾在今安徽蚌埠西郊的涂山和今浙江的会稽大会诸侯，而且参加会议的要"执玉帛"向禹进贡，迟到的要被杀头，这说明禹此时已经由一个部落联盟首领蜕变为事实上的一国之君，因此一般把"涂山之盟"看作是夏王朝建立的标志。禹死之后，其子启继位，并用武力扫灭了维护"禅让旧制"的伯益和有扈氏等残余势力，后在首都阳翟钧台（今河南禹县北门外）举行了盛大的宴会来招待氏族部落首领，因此"钧台之享"意味着众多"诸侯"完全屈服于世袭王权的统治，中国历史上"父传子、家天下"的局面正式确立。（3）"国家存在的经济体现就是捐税"（马克思）。夏代的赋税制度史书多有记载。《尚书·禹贡序》说："禹别九州，随山浚川，任土作贡。"《孟子·滕文公上》说："夏后氏五十而

贡。"《史记·夏本纪》说:"自虞夏时贡赋备矣!"可惜的是,由于年代久远,记载简明,夏朝具体的贡赋形式已经不得而知。(4)国家出现的另外一个标志就是建立城堡以保护奴隶主贵族的私有财产。禹在确立王权后即在嵩山之阳建立阳城作为国都,后"启即位于夏邑",也筑有城,至于后来夏桀"筑倾宫,饰瑶台"便更为壮观了。只是后来商汤灭夏之后,只剩下"夏墟都"的传闻,因此夏都到底在什么地方,尚需进一步考证。

总而言之,世袭王权与世袭贵族、设防的城堡、常备军以及其他强制性权力机构等等这些国家的主要特征,夏朝都已经具备了,因此可以说,夏朝是我国历史上第一个奴隶制国家。

夏朝确立了怎样的政治机构和政治思想?

夏王朝的最高首脑称为"王"或"后",父子或兄弟相传,是中国古代所谓"家天下"的开端。从古代文献记载来看,夏朝的政治机构非常庞大。在夏王之下有掌政事的"三正",有为天子辅臣的"疑"、"丞"、"辅"、"弼"四邻,有为国君亲近左右官员的六事(即六吏、六卿),有掌历法的"羲和"(又称"太史"),掌诉讼的"大理",掌音乐的"瞽"(gǔ),掌管教育贵族子弟的"官师"、"国老",掌出使的"遒(qiú)人",掌收取贡赋的"啬夫",掌管山泽的"虞人",掌畜牧的"牧正",掌养龙的"御龙",掌管夏王膳食的"庖正",掌管夏王车辆的

"车正"，守卫宫门的守门者，掌王室家族事务的"臣"。夏王朝九州岛的划分和"甸"、"侯"、"绥（RUǐ）"、"要"、"荒"五服的存在，说明了夏朝对地方的管理以各部族首领为诸侯，称"伯"或"牧"。诸侯必须服从夏王的政令，对王朝承担贡纳、朝见、服役和随从征伐的义务。诸侯之下，还设有大夫，即各大家族的族长。因此，古人说，夏王有天下，诸侯有国，大夫有家。

夏王朝的政治思想已经具备初步的"德治"宽刑思想。《左传·文公七年》引《夏书》说："戒之用休，董之用威。"意识是说在国家治理上，应该文治与刑罚并用。而且，在治国问题上可能已经有了防微杜渐，防患与未然的认识。《左传·成公十六年》引《夏书》说："怨岂在明，不见是图。"说的就是这层意思。

夏启是如何平息有扈氏叛乱的？

大约在公元前 21 世纪（一说前 22 世纪），部落联盟趋于瓦解，国家逐步形成。部落联盟首领禹所代表的夏后氏（主要活动于今河南登封为中心的伊、洛流域）不断扩展势力，从而同实力与之相当的有扈氏（居今河南原阳县原武一带，一说居今陕西户县一带）发生了尖锐的冲突。有扈氏为了阻止夏后氏的发展，进而夺取首领的地位，在必争之地甘（今郑州西，一说今洛阳西南，或说今户县西南）与夏后氏交战。经数次激烈的较量，有扈氏战败臣服。后来，夏后氏首领禹

去世,其子启杀死原定继承人伯益,以武力夺权王位,建立了中国历史上第一个奴隶制国家——夏朝。

启虽然登上了王位的宝座,但在他的统治并不稳固,处于夏族统治中心地区西部边缘的有扈氏部落,公开兴兵反抗夏启的统治,并准备再次起兵争夺王权。因此夏启决定出兵平叛。

在出兵前夕,夏启举行了庄严的誓师大会。他历数了有扈氏部落的种种罪行,借上天之口预言有扈氏必将灭亡,并号召夏朝臣民军士齐心协力、共灭大敌。

夏启率领主力部队与有扈氏在甘(今河南郑州市以西)展开激烈的战斗。由于夏朝军队平时训练有方,战斗中英勇作战,有扈氏抵挡不住,大败而逃。夏朝军队乘胜追击,扫灭了有扈氏。这是中国历史上记载最早的一次战役。

扫灭了有扈氏之后。夏启的地位得到了巩固,夏朝的威信得到进一步提高,各地方伯、诸侯首领纷纷进朝称贺,以示宾服。甘之战反映了国家是在暴力中形成的事实,显示出由军队进行的战争已成为国家意志的体现。

"少康复国"是怎么一回事?

夏启结束了原始社会的禅让制度,开创了父亡子承的世袭制度。然而他万万没有想到,当他年老的时候,他的几个儿子竟然都想继承王位,所以在家庭内部发生了激烈的争夺。夏启看到小儿子武观闹得最凶,所以把他放逐到黄河西

岸（现在陕西一带）去。武观在黄河西岸反叛，夏启派大将彭伯寿出兵讨伐，才把这次动乱平定了下去。

夏启做了王以后，一改往日简朴的做法，生活开始变得腐化起来。他整天不是呆在王宫里饮酒作乐，就是带着一帮人外出打猎。腐败的生活使他的寿命大大缩短。他去世之后，他的大儿子太康继承了王位。太康从小就跟着父亲启学喝酒、学打猎，生活上的腐化与启相比有过之而无不及。他登上王位之后，完全将国家大事抛之于九霄云外，成天带着家人和亲信到洛水北岸去打猎，而且一去就是数月。

此时，东边的东夷族发展壮大起来。东夷族的首领叫后羿，是个百发百中的神箭手。后羿看到太康长期出外打猎，置国家大事于不顾，于是乘机夺取了夏朝的首都安邑（在现在山西省安邑县境内），不让太康回来，并把太康的弟弟仲康立为傀儡王，由他自己掌握国家实权。

但是后羿也是个贪图玩乐、喜欢打猎、不善于管理国家大事的家伙。他手下有四个很能干而又正直的人，他不信任，却偏偏信任一个惯于献媚、挑拨是非的寒浞。寒浞经常找一帮人专门陪着后羿出外打猎，而他自己就躲在家里搞阴谋。他用小恩小惠收买了后羿的家奴，唆使他们谋害后羿。有一天，后羿打猎回来，寒浞与后羿的家奴们用酒将他灌醉，并借机杀死了他。随后，寒浞霸占了后羿的妻子和全部家产，掌握了大权。寒浞生了两个儿子，一个取名叫浇，长大后被封于过这个地方（在现在山东省境内），所以又被称

为过浇。另一个取名叫意，长大后被封于戈这个地方（在现在河南省境内），所以又被称为戈意。

仲康被后羿立为傀儡王之后，由于行动不自由，心情郁闷，很快就死去了。他的儿子后相继承了王位。后相不愿意做傀儡，于是逃出去投靠了同姓的斟灌氏和斟寻氏。寒浞担心后相的势力壮大，以后会威胁自己的统治，于是派大儿子过浇带兵去进攻斟灌氏和斟寻氏，杀死了后相。后相的妻子后缗这时候正怀有身孕，她躲开过浇的搜捕，从墙洞里偷偷爬了出去，投靠了自己的娘家有仍氏。有仍氏姓任，是一个小部落，地处现在山东省济宁市一带。他们将死里逃生的后缗收留下来，让她安安稳稳地生下了儿子，取名为少康。按辈份排起来，少康是夏禹的玄孙，夏启的曾孙。

少康从小就非常聪明，富有心计。后缗觉得这个儿子长大后肯定会有出息，于是在他刚刚懂事的时候，就把他祖父一辈太康荒唐失国，仲康做傀儡忧愤而死，以及他父亲后相被杀害等惨痛情形全都告诉了他，而且叮嘱他长大以后一定要为祖父和父亲报仇，把失去的国家大权重新夺回来。

少康自幼受到这种报仇雪耻的教育，果然立志奋发图强，为复兴夏朝积极做起了准备。他先在外祖父有仍氏那里担任管理畜牧业的官，一有机会就学习带兵打仗的本领，而且时时刻刻对杀父仇人寒浞、过浇等人保持着警惕。后来过浇果然打听到了少康的下落，派一个名叫椒（jiāo）的大将，到有仍氏部落来搜捕少康。少康早有防备，赶快逃奔到虞舜

的后代有虞氏那里,从而躲过了椒的搜捕。有虞氏的首领虞思看到少康很有出息,就叫他在部落里担任管理膳食的官,学习管理财物的本领。这样一来,少康就变成了一个文武双全的人。虞思看到少康为人忠厚可靠,就将自己的女儿许配给他,并且把一块叫纶的地方交给他管理。纶这个地方方圆十里,遍地都是良田,并且还有五百名士兵。这样,少康就有了恢复夏朝的根据地和武装力量。

少康还积极关注老百姓的疾苦,宣扬他的高祖夏禹的功德,以争取人民支持他复兴故国。他把那些被后羿和寒浞搞得妻离子散、家破人亡、流浪在外的夏朝故官旧吏召集起来,叫他们跟着他打回老家去。他先派一个名叫女艾的大将去刺探过浇的虚实,又派自己的儿子季杼(**zhù**)去消灭了寒浞的次子戈,以削弱寒浞的力量。女艾和季杼都出色地完成了任务。

等到一切都准备好了之后,少康便从纶地起兵,历数后羿、寒浞、过浇等人的罪行,杀奔夏朝的旧都城安邑。这时候寒浞已经死去,过浇虽然进行了顽抗,怎奈大势已去,最终被少康消灭了。天下又重新回到了夏禹子孙的手里。这个历史事件,历史上称之为"少康复国"。

关于少康复国的故事,《左传》中也有详细的记载,但是时间已经相隔1500多年,因此很多历史学家对这件事情的真实性表示怀疑。尽管如此,这个历史故事还是反映了夷夏之间奴隶主贵族争夺权利的斗争。夏族是我们汉族的老祖

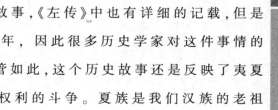

宗,夷族则属于少数民族。夷族的后羿和寒浞夺取了夏族的政权,最后又被夏族打败,这说明在远古时代,夏族和夷族曾经通过战争,逐步实现了民族的融合。

鸣条之战是怎样一次战争?

鸣条之战,是指约公元前1600年商汤在鸣条(今河南省洛阳市附近,一说在今山西省运城市夏县之西)灭亡夏朝的一场战争。

夏朝延续了400多年,到夏桀姒履癸统治时期,已是矛盾重重、危机四伏了。夏桀宠信王后妹喜,信用奸佞之臣,残杀忠臣关龙逄,而且对民众及所属方国、部落进行残酷的剥削奴役,弄得天下民不聊生、人民怨声载道。夏桀还恬不知耻地把自己比作太阳,他说:"天上有太阳,正像我有百姓一样,太阳会灭亡吗?太阳灭亡,我才会灭亡。"而百姓们愤慨地诅咒夏桀说:"时日易丧,予偕女皆亡(太阳啊你什么时候要灭亡,我们愿意跟你一起灭亡)!"

在夏朝逐渐衰落的过程中,黄河下游的商部落逐渐发展壮大起来。商汤继位后,将部族统治中心迁移到南亳(今河南省商丘市东南),并积极筹措灭夏立国的计划。

在与夏朝决战前夕,商汤做了很多战前的准备工作,主要包括以下几个方面:

商汤首先派遣伊尹充当间谍,进入夏都斟鄩(zhēn xún,地名,今河南偃师市西南),掌握了夏王朝"上下相疾,民心

积怨"的状况。

当时夏王朝整体实力仍然强于商部落。商汤采取先弱后强、绝其羽翼的方法，削弱夏朝实力。他把第一个打击目标指向夏的属国葛（今河南商丘市宁陵县北），继而又集中兵力逐次消灭了韦（即豕韦，今河南省滑县东南）、顾（即鼓，今河南省范县东南），最后攻灭了实力较强的昆吾（今河南省许昌市）。

商汤为了试探夏桀的反应，于是停止向夏桀纳贡，夏桀立即调动九夷之师，准备讨伐商汤。商汤则视情立即"谢罪请服，复入职贡"。不久传来了夏桀诛杀重臣、众叛亲离的消息。商汤再次停止向夏桀纳贡。这一次桀的指挥彻底失灵，九夷之师不但不听他的调动，而且有缗氏公开反抗夏桀的暴政。商汤认为伐桀的时机已经完全成熟，于是果断地下令起兵。

大约在公元前 1600 年，商汤兴兵伐夏，在战前他举行了隆重的誓师仪式，据《尚书·序》记载：汤"与桀战于鸣条之野，作汤誓"。誓师之后，商汤选良车 70 乘，"必死之士"6000人，联合各方国军队，采取大迂回战略，绕道至夏都以西突袭夏都，夏桀猝不及防，仓皇应战，同商汤的大军在鸣条展开决战。商汤军士气高昂，争先恐后，奋勇杀敌，一举击败了夏桀的主力部队，夏桀败退后归依于属国三朡（朡，音 ZōNG，今山东省定陶县东一带）。商汤乘胜追击，攻灭了三朡，夏桀率残兵败将逃往南巢（今安徽省巢湖市），不久病死。商汤回

师西亳（今河南省偃师市西），召开了众多诸侯参加的"景亳之命"大会，得到3000余诸侯的拥戴，从而取得了天下之主地位，夏朝正式宣告灭亡。

鸣条之战是中国历史上第一场以暴力形式推翻没落王朝的战争，后人将此次战争称为"汤武革命"。《易·革·象辞》中说："汤武革命，顺乎天而应乎人。"由此可见，汤武革命是一次顺天应民的正义之战。同时，鸣条之战也是中国古代通过"伐谋"、"伐交"、"伐兵"、"用间"等用兵策略达到战争速胜的最早的成功战例，对于后世战争的发展、军事理论的构筑，都产生了深远的影响。

科技文化篇

夏朝是中国最早的朝代吗？

中国考古专家经过近 18 个月的发掘，终于在浙江良渚遗址区内发现了"中华第一城"——良渚古城，古城可能就是良渚国的首都。考古界将其视为是继上世纪河南安阳殷墟后中国考古界的另一重大发现。

根据《新华网》报道，新发现的古城大致以良渚遗址区内的莫角山遗址（20 世纪 90 年代初发现）为中心，城墙东西长 1500~1700 米，南北长 1800~1900 米，略呈圆角长方形，正南北方向。这是迄今中国发现的最大的古城遗址。

此次良渚古城的发现将改写中国历史，即由现在认定的夏朝为中国的最早朝代，改为良渚为最先。因为根据出土的陶瓷碎片，古城年代不晚于良渚文化晚期，也就是距今 4000 年以前。

良渚文化距今 5300~4000 年。目前，我国本土上发现的这一时代的古城有 60 多座，小的仅有十几平方米，最大的有 290 万平方米。

由于良渚古城遗址的建筑群从位置、布局和构造来看，有"中心祭坛"和"中心神庙"，因此很多人认为良渚时期的中心就在这里，上有宫殿，生活着王公和贵族。

良渚文化的分布主要在太湖流域，包括余杭良渚，还有嘉兴南、上海东、苏州、常州、南京一带；再往外，还有扩张

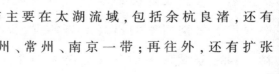

区，西到安徽、江西，向北一直到江苏北部，接近山东地界。

有考古专家和历史学专家表示，良渚文化并没有消亡，而是在历史的过程中，逐渐发展继承了下来。

什么是二里头文化？

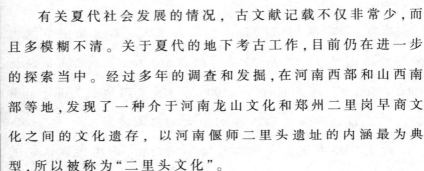

有关夏代社会发展的情况，古文献记载不仅非常少，而且多模糊不清。关于夏代的地下考古工作，目前仍在进一步的探索当中。经过多年的调查和发掘，在河南西部和山西南部等地，发现了一种介于河南龙山文化和郑州二里岗早商文化之间的文化遗存，以河南偃师二里头遗址的内涵最为典型，所以被称为"二里头文化"。

据测定，这一文化遗存的时间在公元前1900年左右，与夏代纪年范围相吻合。目前，虽然还没有足以确定它是夏代文化的直接证据，但它所提供的丰富考古资料，有力推动了夏代文化的探索工作。

"二里头文化"遗址位于河南偃师二里头村，是在1959年发现的，遗址距今3800~3500年，相当于中国历史上的夏、商时期，是探索中国夏朝文化的重要遗址。1960年，考古学家在二里头遗址的上层发现了一处规模巨大的宫殿基址，是我国迄今为止发现的最早的宫殿建筑基址。这一发现为研究中国历史早期国家的出现及其特点，提供了最原始的研究资料。1988年被国务院批准并公布为全国重点文物保护单位。

二里头遗址一共分为四期，一二期属石器、陶作坊、村落文化；三四期属青铜和宫殿文化。目前，学术界对二里头遗址有两种不同的看法，目前尚无定论：一种认为二里头遗址一至四期都属于夏朝文物，发现的宫城就是夏朝都城；另一种认为一二期属于夏朝文物、三四期属于商朝文物，发现的宫城是商朝都城。

夏文化与后来的商周文明一道，构成华夏文明形成与发展的主流，确立了以礼乐文化为基本的华夏文明的基本特质。

在二里头这个表面上看似普普通通的村庄下面，埋藏着中华民族的重大秘密：公元前19世纪至公元前16世纪，这里可能是中国第一个王朝的都城所在地，上演过夏的繁荣和夏商周三代王朝更替的壮阔史剧。

20世纪，甲骨文的发现以及对安阳殷墟的考古发掘，证明了商王朝的存在。这给了中国学者很大的鼓舞，他们希望能从考古学上寻找夏族和夏王朝的文化遗迹，进而恢复夏朝历史的本来面貌。

1959年夏天，中国科学院考古研究所徐旭生率队在传说中夏人活动的中心地区豫西开始了对"夏墟"的考古调查。后来，偃师二里头被纳入了他们的视线。这是首次明确以探索夏文化为学术目标所进行的田野考古工作。

　　此后，中国三代考古工作者对二里头遗址进行了持续不断的发掘，结果发现了大型宫殿基址、大型青铜冶铸作坊、制陶、制骨遗址，与宗教祭祀有关的建筑以及400多座墓葬，出土了成组的青铜礼器及玉器，证明了它是一处早于郑州商城的初具都城规模的遗址。从此，二里头遗址和二里头文化成为公认的探索夏文化和夏商王朝分界的关键性遗址。

　　由于二里头文化遗址所处的年代正是中国历史上的夏商时期，因此从发现一直到今天，关于它的争论一直没有停止过，其中最大的分歧在于：它是夏都还是商都西亳。"夏商周断代工程"结束后，二里头文化的主体是夏人遗存的观点逐渐为大多数专家和学者所接受，学术界也都倾向于认同二里头是夏王朝中晚期的都城所在地。

　　几年来，二里头考古工作取得了举世瞩目的成绩：廓清了遗址的实有范围，找到了遗址中部的井字形街道、勾勒出城市布局的基本骨架，还发现了宫城城垣，证实了宫城的存在。除此之外，还揭露出部分二三四期宫殿建筑基址，发现了一些有关遗址布局的新线索，获得了一批包括大型绿松石镶嵌龙在内的珍贵文物。

什么是皋陶文化？

　　皋陶是东夷少昊的后裔，生于公元前21世纪，是中国司法的鼻祖。他辅佐夏禹理政、治水以及发展生产，并为融合

夷夏和后来中华民族的形成做出了巨大贡献。皋陶与尧、舜、禹齐名，被后世尊为"上古四圣"。由于皋陶品德高尚，功绩显赫，大禹便举荐他为自己的继承人，并且授政于他。但皋陶未及继位即去世，禹便把英、六一带封给他的后裔。唐玄宗以李氏始祖皋陶为荣，于天宝二年（公元 743 年）追封其为"德明皇帝"。

皋陶部落与尧舜禹等部落联盟，是华夏族的核心。尧舜禹时期，很多重大政治措施都是皋陶谋划的。皋陶在政治、经济、文化等各个领域的活动中所体现的光辉思想和伟大业绩，形成了中国上古时期的文化体系，即皋陶文化。皋陶文化主导着华夏民族文化的发展，推动了社会文明的进步，奠定了国家产生的基础。

皋陶文化的精髓是"替天行道，惠民为本"、"天人合一，天由人意"、"勤政廉政，任人唯贤"、"以德治国，五刑五用"等思想观念，这些思想铸造了华夏民族的灵魂。儒家学派的创始人孔子，长期生活在皋陶文化分布的区域及其文化氛围中，在儒家的典籍里，有很多尊崇皋陶的论述："舜有天下，选于众，举皋陶，不仁者远矣"（《论语·腾文公上》）。五千年的中华民族文化，系孔所传，系孔子所开。皋陶文化为儒家所传，为儒家所承，从而发展为统治中国 2000 年的儒家学派的思想体系。

　　皋陶文化的核心是"法治"与"德治"相结合的治国安邦之道。

　　历代史籍记载："帝舜三年，命咎（皋）陶作刑"、"皋陶造狱而法律存"、"《夏书》曰：'昏、墨、贼、杀'皋陶之刑也"；皋陶说："天讨有罪，五刑五用哉"。由此可见，皋陶刑法是中国最早系统和制度化的刑法，是我国真正意义上的刑法开端。夏代的"禹刑"，商代的"汤刑"和西周的"九刑"或"吕刑"，都是从皋陶之刑发展而来。皋陶的"五刑"比古巴比伦的《汉穆拉比法典》早三四百年，因此皋陶被尊为中国的"司法始祖"。皋陶的法治思想为后世的法制起了典范作用。

　　皋陶执法非常严谨，他对过失犯罪者尽量宽恕，对故意犯罪或累犯不改者从严惩处，对罪疑者从轻处罚，在杀人的问题上更加谨慎。他执法公正，"决狱明白"，"听狱制中"，"五刑五用"，乃至"天下无虐刑"，"天下无冤狱"。他注重教化，"明于五刑，以弼五教，期于予治，刑期于无刑"。主张以"法治"辅助"德治"，希望最终实现社会上没有犯罪行为的大治局面。

　　皋陶最重要的政治主张是实行德政。他认为实行德政的关键在于提高人的品德修养。强调君主、群臣的修身应由上而下，由己及人。提出为官者应该具备三、六、九德。以三德要求于卿大夫，以六德要求于诸侯，以九德要求于天子。以

道德处理政务,大臣们才能同德同心,辅佐帝王成就一番伟业。只有"知人善任",选贤任能,才能治理好国家,才能施恩惠于民。民心能否安定,完全取决于君、臣之德。

由于皋陶积极主张推行德政,身体力行,使得天下太平,百姓安生,因此民众宾服他,归附他,怀念他。帝禹在位期间,把政事交由皋陶,皋陶总揽朝政,谋划了一系列的有关社会制度、习俗、文化等全方位的革新方案:兴"五教",定"五礼",设"五服",创"五刑",亲"九族",立"九德"。这些重大举措全都付诸实施,从而建立了社会正常秩序,加强了部落、部族间的联系和融洽,为国家的产生奠定了基础。

皋陶文化的主要内容包括:

1.兴"五教"

五教即"父义、母慈、兄友、弟共(恭)、子孝"。

2.定"五礼"

五礼即"吉、凶、宾、军、嘉"。吉礼即祭祀之礼,凶礼即丧礼,宾礼是部落与部落联盟之间、部落与部落之间以及与联盟之外的友好部落之间的聘享之礼,军礼是组织氏族、约束大众成军之礼,嘉礼为"饮食、男女"之礼。

3.创"五刑"

五刑即"甲兵、斧钺、刀锯、钻笮、鞭扑"。甲兵,即对外来侵犯和内部叛乱的讨伐;斧钺,即军内之刑,属军法;刀锯,

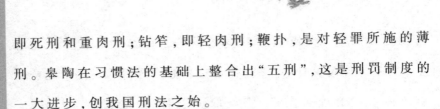

即死刑和重肉刑；钻笮，即轻肉刑；鞭扑，是对轻罪所施的薄刑。皋陶在习惯法的基础上整合出"五刑"，这是刑罚制度的一大进步，创我国刑法之始。

4.立"九德"

九德即宽而栗（秉性宽弘而有原则）、柔而立（性情温良而能立事）、愿而恭（质朴而能尊贤）、乱而敬（有才而能敬事）、扰而毅（谦和而有主见）、直而温（正直而不傲慢）、简而廉（具大略而能务实）、刚而塞（果敢而不鲁莽）、强而义（刚强而不任性违理）。皋陶制订的"九德"，其内涵包括人的秉赋、气质、品德、才干等诸多方面，是目前所知的我国历史上最早的考察、选拔公职人员的标准。

5.亲"九族"

九族就是部落联盟核心的亲属部落。部落联盟只是一个松散的组织，联盟的权威没有可靠力量作后盾是不可能维持下去的，因此亲"九族"是当时历史条件下一项重要的政治策略。

皋陶生活的年代是我国从原始社会向阶级社会过渡的最后阶段，正好处于文明时代的门槛。皋陶对联盟制度和文化方面的改革做出了巨大贡献。那时，部落林立，号称"万国"，信仰、习俗不一。因此他倡导并施行的"五教"、"五礼"、"五刑"、"九德"、"九族"，对于增强部落、部族间的政

治、经济、文化的联系和融合，促进国家的产生，都产生了积极的作用。皋陶思想是儒家学术思想的重要源头之一。皋陶文化是中华民族传统文化的瑰宝。

为了纪念皋陶，后人修建了皋陶墓和皋陶祠。皋陶墓属于省级重点文物保护单位，位于安徽六安城东，顶有黄栗树一棵，前有石碑一方，上面有清安徽布政使吴坤修书的"古皋陶墓"。唐代诗人皮日休和宋代大文豪欧阳修、苏轼等都曾为皋陶墓赋诗、撰文。皋陶祠位于墓北 35 米处。皋陶祠修建于清乾隆年间，咸丰年间毁于大火，光绪年间重建。为了进一步弘扬皋陶文化，开发旅游资源，目前正在规划兴建皋陶陵。

夏朝取得了哪些农业科技成就？

自从大禹治水开始，便对农业生产特别重视。夏朝建立之后，新兴奴隶制度的出现，刺激和激发了广大群众的劳动热情，生产力迅速发展，社会经济的各个方面都得到了显著的发展。

夏朝的农业生产较之以前有了很大发展。根据考古发现，夏代已经有谷、稻、麦、菽、瓜等多种农产品。传说禹的大臣仪狄掌握了造酒技术，夏王少康又发明了秫酒的酿造方法。这说明夏代生产的粮食已经非常富足，已经有余粮发展副业。

　　农业生产大发展局面的形成，除了生产关系的变化之外，兴修水利，改良工具，开挖水井，推广农历，都起了非常重要的作用。

　　洪水消退以后，既有积水泽地，也有缺水高丘，而且道路难辨，行旅困难，因此，禹"尽力乎沟洫"，继续关注农业的恢复和发展，组织开挖沟渠，引水排灌。《周礼·遂人》就记述了夏禹将排灌系统的遂、沟、洫、浍、川与交通网络的径、畛、涂、道、路相配套的规划情况，把大小沟渠与宽窄道路有机结合起来，形成网络，以方便耕作。

　　农业生产过去的生产工具以木器、石器为主，到夏朝开始使用铜作加工工具，并且逐渐出现了骨器和角器。骨角制作的铲、刀、镰等，比石制的铲、刀、镰要锋利得多，生产效率比原来有很大得提高。

　　农业生产最需要充足的水资源。井的出现，为人们发展灌溉农业，争取好的收成，创造了有利条件；也为人们向江、河、湖以外地区开垦耕地创造了条件。有史料记载，夏禹的助手"伯益作井"，考古发掘中也的确存在夏代古井，形状有方圆两种，方的长 1.95 米，宽 1.8 米；圆的深 6.1 米，井径上部收缩，以防坍塌。

　　在农业发展的基础上，夏朝的畜牧业也得到了很大的发展。有一大批奴隶从事畜牧工作，还有一些专门从事畜牧业

的氏族部落。夏朝非常重视马的饲养。

夏朝取得了哪些工商业成就？

在农业发展的基础上，夏朝的手工业和商业也取得了一定程度的发展。

史料记载禹曾"以铜为兵（兵器）"。在二里头遗址中，发现了很多戈、镞、爵、刀、凿、锛等铜器，证明夏朝已经进入了青铜器时代。当时陶器上的鱼形纹、鹳鸟纹，青铜器上的兽头纹等，无论阴刻或浮雕，工艺都相当细腻，形象也十分生动。同时，制陶、制骨、制贝、编织、纺织等也有一定程度的发展，所以这些，都足以说明夏代手工业的发展水平已经达到了一个相当的高度。

大禹在治水过程中，曾经发现出铜之山 467 座，出铁之山 3609 座。当时使用的开凿工具中已经有青铜器具。后来的农业生产、渔业生产，都比较广泛地使用了青铜器。尤其值得一提的是"禹铸九鼎"，并把各州的地形山川、物矿特产、奇珍猛兽等，都绘成图形，铸于鼎上，可见工艺之复杂和精细。不过铸造如此巨大的鼎，没有相当成熟的冶炼与铸造技术，是绝对不可想象的，因此此说未必可信。

此外，制陶业在夏代可能已经成为一个独立的极为重要的行业。中国制陶出现于 7000 多年前的上古时期，初期是用柴草在平地上用篝火直接烧制，统称为"无窑烧陶"。到仰韶

文化时期,窑型基本上是横穴式和竖穴式两种,就泥地挖掘而成,以柴草为燃料,没有烟囱,窑内温度比较均匀,热量损失较小,烧成温度可达 1000 度。到了夏禹时期,已经普遍采用竖穴窑,主要由火膛、火道、窑室三部分构成,窑室直径大约 1 米,燃烧时空气供应比较充足,可以使柴草充分燃烧,火焰可沿窑底均匀进入窑室,使窑内温度提高,温度可达 1050 度左右。夏代陶器的种类开始增多,从泥质或夹砂陶发展到灰陶、黑陶、彩陶和白陶等。在成型工艺上,开创并逐步完善了轮制、模制、表面抛光、薄胎成形、拍印纹饰等多项手段。陶器表面都经过打磨外理,光滑匀称。装饰图案以满见长,在钵、盘、碗一类的敞口器物内侧,也都绘有图案。纹饰也比较复杂,除几何纹、弧线、斜线和变形的动物形象,如鱼、鸟、猪、饕餮以外,甚至出现了播撒种子的人形图案。陶瓷上出现装饰,说明人类的生产力水平大有进步,当时的人们已经开始追求美的外观。

此外,夏朝都城出现了车,但还不能确认是人力车还是马车,因为车辙只有 1 米宽,与商朝的 2 米宽车辙不同,商朝已经确认使用马车了。

由于"禹启九道",方便了地区间的交往,自然有利于交换贸易的进行。《禹贡》所记载的交通路线及贡物名称,在一定程度上反映了当时物品流通的情况。《盐铁论》还记述了

随贸易而出现货币的情形："故教与俗改，币与世易，夏后以玄贝"。玄贝即黑色之贝。作为装饰品的贝壳早已存在，发展到夏朝，贝壳已经开始服务于交换的需要，贝壳转而具备了货币的职能，这说明夏代已经有我国最早的货币问世。货币是商贸业发展的直接见证。

夏朝的城市是如何出现的？

恩格斯认为，城市的出现是社会发展的必然，是社会进步的表现，是野蛮时代进入文明时代的标志性事物。

我国的城郭历史已经非常悠久了，但关于筑城到底起源于何时，一直以来都有好几种说法：有的说起源于鲧，如《世本》说："鲧作城郭。"《吴越春秋》逸文也说："鲧筑城以卫君，造郭以守民，此城郭之始也。"有的说起源于禹，如《博物志》云："禹作城，强者攻，弱者守，敌者战，城郭自禹始也？"还有的说，我国筑城起源禹五帝时期，等等。不过从登封王城岗和淮阳平粮台两处龙山文化中晚城郭遗址来看，夏代已经出现夯土城垣，这应该是毋庸置疑的。

城垣建筑是古代的一种防御措施。最初人们在聚落周围挖些壕沟，用以防止野兽袭击人畜，后来利用夯土技术打成围墙，后来慢慢发展成为城垣，以防止强人和外部族的侵略和掠夺。从统治角度来说，建立城垣对内可以使人们定居下来，便于管理，对外则既可以防御，又可以进攻。因此，那些

封国国君来到封地之后，首先是要修筑城池，那些富豪、奴隶主也自动修筑城堡寨院，以保护私有财产免受侵犯。城垣建设就这样兴盛起来。对此，《吕氏春秋·贵因》说："舜一徙成邑，再徙成都，三徙成国"。由此可以看出城邑地理的选择过程，以及自"邑"至"都"至"国"的发展历程。

夏代的都城，城郭沟池与宫庭闾室建筑，已经具有相当的规格和进步。《管子·轻重戊篇》说：夏时"民乃知城郭门闾室屋之筑。"这表明夏的城郭是具有一定制作制度的，城门、闾巷、房舍等等，都有一定布局。城市的形制一般为方形，所用材料一般是就地取材，多用泥土逐层夯筑而成。城内有一定的建筑布局，有大街小巷，排水管道，宫殿房舍，手工作坊，还有墓葬区等等。

我们现在所说的"城市"，把城和市连在一起。其实最早的城和市是分开的。市出现在前，城出现在后。市的出现与井有关。大禹治水之后，很多土地都浮出了水面，人们为了扩大耕地面积，就不再限于江边、河边、湖边的一些滩地、平地，而是把眼光扩大到了丘、陵和岗坡地。但是由于那些地带缺水，而耕作又需要水源，因此井就应运而生了。不仅耕种需要井水，生活也需要井水，于是围绕水井就建起了房屋，形成了聚落。人们都到水井那里打水，经常碰到一起，于是井便成了大家聚会的地方，后来便有人见面时互通有无，

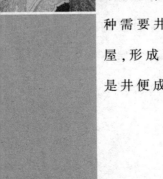

交换日用品,如此一来,就逐渐形成了固定的"市",我们后来所说的"市井",其实是"井市"的变体。到了夏代,城邑越来越普及,城邑的功能也越来越完备,此时的"市"与"城"才逐渐结合起来,在城中建市,称为"城市"。

城市是更多人居住的地方,交易自然也非常频繁。这就是史料所说的"日中而市,致天下之民,聚天下之货,交易而退,各得其所"。于是商业出现了,经济繁荣了,生产发展了,社会也随之进步了。

大禹设立了怎样的贡赋制度?

氏族社会实行的是"原始公社"制度,氏族与氏族之间,部落与部落之间,没有隶属与控制关系,当然也不存在谁向谁交赋纳贡得问题,人与人之间是平等的。

大禹建立的夏王朝是从原始社会脱胎出来的奴隶社会。这时,人类已经分裂成为剥削阶级和被剥削阶级,压迫者与被压迫者,统治者与被统治者。奴隶社会取代原始社会,是社会生产力发展的必然结果,也是符合历史发展规律的表现,是社会的一大进步。正因为如此,人类才开始有了体力劳动与脑力劳动的分工,从而创造了早期的灿烂文化,创造了人类早期文明。

夏王朝为了维持官僚、军队等国家机器的正常运转,于是开始向方国和部落收贡,向百姓收税。对此,《史记·夏本

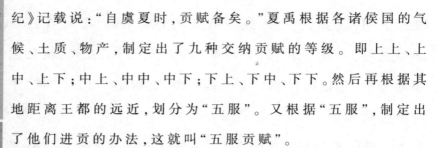

纪》记载说：“自虞夏时，贡赋备矣。”夏禹根据各诸侯国的气候、土质、物产，制定出了九种交纳贡赋的等级。即上上、上中、上下；中上、中中、中下；下上、下中、下下。然后再根据其地距离王都的远近，划分为“五服”。又根据“五服”，制定出了他们进贡的办法，这就叫“五服贡赋”。

所谓“五服”，就是把九州按其距离王都的距离，分成五等，分别确定赋税数量。

以王畿为中心，向四面扩展开去，东西南北各五百里，叫作甸服；甸服之外，四面又各五百里，叫作候服；候服之外，四面又各五百里，叫作绥服；绥服之外，四面又各五百里，叫作要服；要服之外，四面又各五百里，叫作荒服。

五服之中，甸服距离王畿最近，直接归天子管辖统属，其法用赋。其余四服，距离都城渐远，皆属于诸侯管辖之地，其法用贡。

夏禹的这种方法属于中央集权之法。比帝舜时期的“颁五瑞”，要更进一层。因为“颁五瑞”不过只是接受中央的命令，还是名义上的统一，而“五服贡赋”，不但名义上必须接受中央统率，而且实际上每年必须拿出规定数量的货物，来供给中央政府。货物的多少和种类都由中央政府指定，避无可避。

禹不仅要诸侯根据当地物产上交贡赋，而且农民也必须

向政府和奴隶主交纳赋税。对此,《孟子·滕文公》记载说:"夏后氏五十而贡。"夏禹沿袭农村公社时期分配土地给各家农民耕种的方法,每户农民除耕种分配给你的五十亩"私田"外,还要耕种五亩"公田"作为赋税,这就是"十税其一制"。后世实行的"井田制"以及延续至今几千年的赋税制度,都是由此发展演变而来的。

最早的日食记录是发生在夏朝吗?

中国是世界上最早观测日食的国家之一。根据史料记载,中国观测日食已经有4000多年的历史了,我国有世界上最早、最完整、最丰富的日食记录。

我国古代的天文观测一直走在世界前列。早在公元前2300多年前,我们的先辈们就建成了当时世界上最先进的天文观象台。仅仅是古书(至清代)的史料(不包括甲骨文),就有1000多次的日食记录。

据有关资料显示,我国最早关于日食的记录源自于《尚书·胤征篇》,书中说:"惟时羲和,颠覆厥德,沈乱于酒,畔官离次,俶扰天纪,遐弃厥司。乃季秋月朔,辰弗集于房,瞽奏鼓,啬夫驰,庶人走。羲和尸厥官,罔闻知,昏迷于天象,以干先王之诛。"大致讲述的是这样一个故事:夏朝仲康时代有一次"天狗吃日",这时侯,天官应该向朝廷上报,并让天子率领众臣到殿前设坛,焚香祈祷,向上天贡献钱币以把太阳

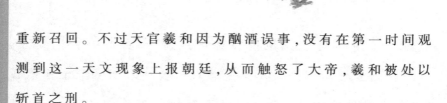

重新召回。不过天官羲和因为酗酒误事，没有在第一时间观测到这一天文现象上报朝廷，从而触怒了大帝，羲和被处以斩首之刑。

据天文学家和史学家考证，这次日食大概发生在夏代中康时期，约公元前2137年10月22日。这段文字还记录了日食发生期间，乐官击鼓、啬夫急跑取币、百姓奔走匆忙举行日食救护仪式。虽然字里行间没有提到"日食"两个字，但这则记录被认证是一次日食记录，而且是世界上最早的日食记录，被称为"书经日食"，也称"仲康日食"。

世界天文学家普遍承认中国古代日食记录的可信程度最高，为世界留下了珍贵的科学文化遗产。中国古代夏、商、周时期因年代久远，缺少精确的文字记录，因此难以精确地判断事件发生的年代，而日食天象就像是一座相当精确的历史时钟，可以帮助确定一些历史事件的时间。

夏历就是阴历吗？

天文之学，到了帝尧时期，创置了闰月，立法、历法已渐趋精确。但这种历法的应用还仅仅限于诸夏民族，九州万国之民大部分还不知道。所以各诸侯国之间、诸侯国与夏王朝之间，对于月令、时日往往弄错，不仅使老百姓之间的期约等发生诸多不便，而且对农事活动也大有妨害。朝廷的军国大事、政令实施，更是难以取齐，因此必须使天下诸侯遵

奉夏朝统一之正朔，才可以方便行事。

我国传统的干支纪年、纪月、纪日法起源很早，据说是黄帝创制的，所以又叫"黄帝纪年法"，也叫"四甲纪时法"。到了尧舜时期，各氏族、部落根据各自当地的实际情况，各行其是，计算方法很不一致。据史料记载，我国人民使用过的历法不少于百余种，有的把十一月作为一年的开头，有的把十二月作为一年的开头，有的把十三月作为一年的开头，非常混乱，很难统一行动。

夏王朝建立之后，为了政治、军事、礼仪和农事的需要，及时向各方国颁布了夏历，就是《夏小正》。夏历依据北斗星旋转斗柄所指的方位来确定月份，以斗柄指向正东偏北方向作为"建寅"，是为岁首，每十二个月为一年。夏历按照十二个月的顺序，分别记述了每个月中的星象、气象、物象以及所应从事的农事和政事，以便利农业生产，因此又叫"农历"。每过三年，加一个闰月，也叫闰年，闰年这一年是十三个月，以协调历日周期和天文周期的关系。

有人习惯把农历称为"阴历"，其实这是不准确的。我国的农历虽然也以月亮的圆缺确定月历，但又加上了闰月和二十四节气，使之符合于太阳自转与公转的回归，又像阳历。所以，夏历实际上是阴历与阳历并用的历法。它既符合十二个月的月相，又照顾到了各个月份的农事活动，因此它比纯

粹的阴历更好,更准确,更具有优越性。

《夏小正》具有怎样的科技价值?

《夏小正》是中国现存最早的科学文献之一,是中国现存最早的一部具有丰富物候知识的著作,也是中国现存最早的一部农事历书,原为《大戴礼记》中的第 47 篇。

《夏小正》的经文有 463 字,按一年 12 个月分别记载了物候、气象、天象和重要政事,主要涉及农耕、蚕桑、养马以及采集、渔猎等活动。

《夏小正》原文收入《大戴礼记》中,在唐宋时期散佚(《大戴礼记》也有一半同时散佚)。现存的《夏小正》是宋朝傅嵩卿著的《夏小正传》,是把当时所藏的两个版本的《夏小正》文稿汇集而成。但由于经文与传文(以自己的文字解释)在篇章中相互混集,所以《夏小正传》中不尽是原来的全部篇章。

由于《夏小正》原稿散佚,所以关于它的成稿年代颇有争议,但一般认为最迟成书在春秋时期;据《史记·夏本纪》记载:"太史公曰:孔子正夏时,学者多传《夏小正》云"。因此大多数认为《夏小正》是孔子及其门生考察后所记载下的农事历书。

书中除二月、十一与十二月外,每月都记载有确定季节的星象(主要是拱极星象与黄道星象)以指导务农生产,另

外还有记载当月植物的生长形态、动物的活动习性与祭祀等内容。

由于该书内容主要涉及星象以及与农业密切相关的历法等内容，因此它对古代天象与先秦历法研究也有相当重要的参考价值。

夏朝有哪些法典？

夏朝其实并没有有文字可考的成文法典，但它的确有一些临时规范或规范的总称：

1.《甘誓》

《甘誓》是夏启在准备讨伐有扈氏时，在甘（今陕西户县西南）发布的战争动员令。《甘誓》是迄今发现的最早的带有军法性质的规范。

《甘誓》里有"有扈氏威侮五行，怠弃三正"、"用命，赏于祖；弗用命，戮于社"等内容。所谓"威侮五行"，就是不敬上天；"怠弃三正"，就是不重用大臣。"用命，赏于祖；弗用命，戮于社"，是指努力奉行命令的，便在先祖的神位前颁行赏赐；不努力奉行命令的，便在社神的面前给予惩罚。

2.《禹刑》

夏王朝建立之后，为了进一步镇压人民群众的反抗，夏朝统治者就在以往的基础上制定了《禹刑》，这是我国历史上的第一部奴隶制法典。

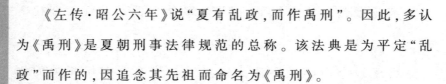

《左传·昭公六年》说"夏有乱政，而作禹刑"。因此，多认为《禹刑》是夏朝刑事法律规范的总称。该法典是为平定"乱政"而作的，因追念其先祖而命名为《禹刑》。

《禹刑》的具体内容已无从查考，据《周礼·秋官·司刑》记载："夏刑，大辟二百，膑辟三百，宫辟五百，劓、墨各千。"由此可见，夏朝法律数量应该比较多，规定也比较细密，法制已经初具规模，而且已经初步形成奴隶制五刑，并有一些罪名及定罪量刑的基本原则。当然，这些记载都是后人的追述，禹刑的具体内容有待于进一步考证。

除了《甘誓》和《禹刑》之外，还有《政典》，但关于《政典》的具体内容，已无从考证。

夏朝已具备了哪些地理知识？

自从第一个奴隶制王朝——夏朝建立之后，中国社会便由原始社会进入了奴隶社会。

夏朝统治的中心地区，西起河南西部和山西南部，东至今河南，河北，山东三省交界的地方，南起今湖北一带，北达今河北地界。夏朝的地理知识已相当丰富，这在城市治水，农业，青铜器和原始地图等很多方面都有明显体现。

1.从城市建设管窥夏朝地理知识

中国古代龙山文化晚期就已经出现了防御设施城堡，如河南登封王城冈及淮阳平粮台城堡，这就是早期的城市。城

市的诞生是奴隶制社会发展的重要标志之一。传说夏朝以前已经开始筑城，如"夏鲧作城"；"鲧作城郭"；"昔者夏鲧作九仞之城，诸侯背之，海外有狡心"；"鲧筑城以卫君，造郭以居人，此城郭之始也"。里面所说的鲧即崇伯鲧，尧时夏部落酋长，禹的父亲。那时候的城市还不可能是用砖头或石头修筑的城市。以王城冈来说，它4000多年前修筑的东西骈列的两个方形小城堡，城墙用夯土筑成。这是中国目前发现的最早的古城遗址。西城西墙长94.8米，南墙长97.6米。从年代上来分析，与夏代纪年相吻合。在山西夏县埝掌乡东下冯村北青龙河两岸台地上，曾发现一座小规模的城堡遗址。南城墙长达400米，宽约8米，残高1.8米，也是用夯土筑成，距今4000年左右。从年代上来看，也与夏代纪年相吻合，而地址也恰好在所谓的"夏墟"区域内。因此，可以说城市起源于夏代。

　　城市地址的选择，是当时地理知识在一定程度上的体现和反映。比如地形上一般来说以平坦，干燥为佳，最好靠近河川大海，但又不能过于低洼；交通要方便，生产要发达等等。城市的最大功能是促进物资和信息的交换，所谓"日中为市，致天下之民，聚天下之货，交易而退，各得其所"。从夏朝城市的地址选择来看，夏朝对这些地理知识应该已经有相当程度的把握。

2.从大禹治水管窥夏朝地理知识

相传夏朝建立以前,洪水泛滥成灾。为了治水,尧在联盟议事会上提出派谁去治水比较合适的问题。大家都认为鲧比较合适,尧却不同意。四岳坚持先让鲧试试,不行再另作别论。尧最后同意,让鲧治水。

鲧采用以前共工治水的传统方法,用人工把高的地方铲低,低的地方用土填高,只堵截不疏导,结果治水九年毫无成绩,还被砍了头。此后,舜又派鲧的儿子禹治水,禹吸取了父亲的教训,决定把单一的堵水改为疏、堵并用。他亲自勘察高山,大河,把地形,河流的流向,水量调查清楚,树立标识,指示哪些山要挖掉用来筑堤,哪些河流需要疏导。然后组织治水班子,发挥集体的智慧,制订"疏川导滞,钟水丰物"的治水方案。这样就可以顺应水性,疏通河川,开导阻滞,使洪水畅流无阻地由小河归入大河,同时还利用一些湖泊,沼泽及低洼地来聚积水资源,从而起到分洪储流,灌溉农田的作用。在治水的同时,禹还在田间开沟洫,更大的发挥灌溉效益。13年中,禹治理了"名川三百,支川三千,小者无数",从而使黄河中下游地区消除了水患。大禹治水的成功,体现了当时人们对地理知识的正确认识和运用。

3.从农业生产管窥夏朝地理知识

夏代由于水患得到治理,农业有了较大的发展。由于剩

余粮食不断增多,多余的粮食便用来发展副业——酿酒。夏桀时有"酒池,可以运舟,糟丘足以望十里",由此可见,夏朝的酒是非常富足的。这些虽然是讽刺夏桀奢侈荒淫的夸大之词,但也从一个侧面反映了夏代粮食的丰足程度。

古代的农业与季节、气候有密切的关系。夏朝的农业取得了较大的发展,这说明它必然积累了不少有关季节、气候方面的知识。流传至今的《夏小正》,就含有夏朝的历法和物候知识。如书中讲的历法是夏朝的十月太阳历,即 1 年分 10 个月,每月 36 天,全年剩下的 5~6 天为过年日。书中记载的物候知识也比较丰富,是我国现存最早的一部物候专著。其中正月的物候是柳树长花序,梅、杏、山桃相继开花;田鼠出来活动,野鸡鸣叫,雌雄交配;鱼儿从水底上升到近冰层;农田害虫蝼蛄也开始鸣叫了。这样一个月接一个月的记载,形成了全年比较完整的物候历。

4.从青铜器管窥夏朝地理知识

夏朝时期,中国已经步入青铜器时代。传说夏以前的黄帝时期,就已经有"黄帝采首山铜,铸鼎于荆山下"的记载。

夏禹时期,"以铜为兵,以凿伊阙,通龙门",而且用铜铸九鼎。考古发掘材料证明,早在距今 6000 多年的西安半坡仰韶文化遗址中,已经发现了一个铜片。1973 年,在陕西临潼姜寨仰韶文化遗址中,又出土了圆形薄铜片一件,经过专家化

验，它含锌 25%，属于原始黄铜材质。在山东胶县三里河龙山文化遗址中，出土了两件铸制的黄铜锥，含锌 20.2%~26.4%。在甘肃武威、青海贵南等齐家文化遗址中，出土铜器 40 多件，其中 12 件分别为红铜、青铜、铅青铜材质。在甘肃玉门火烧沟遗址中，出土铜器 200 余件，其中 45 件分别为红铜、锡青铜、铅锡青铜和铅青铜。上述这些铜器都属于低级阶段的青铜器。

　　属于夏文化遗址的河南偃师二里头前期文化层，出土了铜渣和熔炉残片。古文献也说："昔者夏后开使蜚谦折金于山川，陶铸于昆吾"。这些考古发现和古文献足以说明，夏朝已经进入了青铜器时代。

　　由于生产青铜器需要寻找铜矿，因此从这里可以看出，夏朝时期的人已经掌握了一定的寻矿知识。古人寻找地下铜矿，一般依靠自然铜和孔雀石的露头去追踪寻找，这是最早的原始的寻矿方法。由于中国古人早在新石器时代就已经掌握了采石技术。到了青铜器时代，采石技术便发展成为采铜技术，从而保证了铜矿石的供应。从采矿到成品转移，这使得人们在交通运输方面的知识迅速积累。同时由于铜矿资源有限，常常需要与邻近部落交换，这样又促进了各部落之间的经济，文化交流，当然也包括地理知识的交流。

5.传说中的地图

相传夏禹曾用铜铸九鼎,鼎上铸有山川、道路、鸟兽、草木等图案,这些图案就是古代的原始地图。九鼎传到商朝末年,周武王灭掉了商,"迁九鼎于雒邑"。到了秦代,九鼎被销毁,鼎上的图案被摹绘下来,叫做"山海图",流传于世。

后来有人提出,山海经和山海经图都源于九鼎。不过现存的山海经附图,只有神怪人物,没有地图的遗迹。因此,关于九鼎上铸有原始地图的说法,到目前为止依然只是个传说,并无实据可考。尽管如此,我们还是可以推测,夏朝可能已经掌握了一定程度的地理绘图知识。

夏篆为什么比商朝的甲骨文还进步?

夏篆,是传说中夏代的文字,也称为象牙文,顾名思义,就是刻在象牙上的文字。象牙文比甲骨文更为进步,是一种比较成熟的篆体文字,不过普遍认为周宣王太史籀著《大篆》15篇,为篆字的开始。从考古实物来看,目前还没有发现确切可靠的夏代文字。如果真的有,那就是说有比甲骨文更早、更原始的文字了。古人多有金文大篆即为夏篆之说,凡此种种,都属于牵强附会之说,没有实据可考,因此不足以采信。

历史上究竟有没有夏朝文字?有没有夏篆的存在?一直以来都是个颇具争议、悬而未决的问题。不过很多专家学者

都认为夏朝有文字，即夏篆确实存在。《夏禹书》、《禹王碑》就是夏朝文字，就是夏篆。篆是一种官方文字。这些夏篆字体非常成熟，非常规范，笔道圆润，结构匀称，是一种非常进步的文字。相比之下，甲骨文则显得比较原始，比较落后，异体字很多，这正是民间俗体字的特点。每一种事物的发展往往存在着它的特殊性，所以有些事物可能会超出一般规律的发展而存在。从黄帝时代的仓颉造字开始，经唐虞时代到大禹传位给夏启建立夏朝为止，时间一千年上下，这段时间文字的发展，应该很成熟、很进步了。伴随着生产力的飞速发展，文字的发展也非常快，再加上夏朝有数百年的历史，夏朝文字的成熟与进步，是顺理成章的事情。文字与人一样，不进则退。如果不经常使用，或者很少使用，文字就会落伍和退化。尽管商朝有六百余年的历史，但在前三百多年里，商朝各王一直忙于东拼西杀，时常处于迁都的状态，商民族人口较少，而且又是以游牧为生，没有文字，又不重视文化，因此造成了整个夏朝文字的荒废。从商汤建国到盘庚迁殷，商人的文字一直没有造出来，所以不得不使用夏民族的民间俗体字。盘庚迁殷之后，由于占卜的盛行，这才使夏朝的民间俗体字派上了用场，将占卜过程及结果，用夏字刻在龟甲和兽骨上，这才有了甲骨文的出现。

　　然而，夏朝的官方文字仍然保留着比商朝的民间俗体字

先进的优势，打一个不确切的比方，尽管是五百年前的京城女子，也比五百年后的乡野丫头时尚得多，这就是为什么夏朝文字夏篆比商朝甲骨文更为进步的原因所在。

周朝的甲骨文沿习和继承了商朝的甲骨文，并没有多大的发展。周人原是生活在岐水一带的姬姓部落，农耕发达，与姒姓同根同源，人少且没有文字。夏时使用夏文字，商时使用甲骨文，周武王兴周伐商时，打的是奉帝命复有夏的旗号。当把商纣驱走，周朝建立的时候，周天子又重新恢复和使用了夏朝的官方文字——夏篆，这就是周篆为什么和夏篆如此接近和相似的原因所在。

象牙文的内容包括以下几个方面：祭祀、征战、干支、占卜、田猎、农业等，都是记录夏朝帝王的行踪和活动的，是研究夏朝历史的宝贵资料。象牙文的出土，让我们有理由确信，夏朝的历史是有文字记载的历史，是真实可信的历史。